전래 놀이

겨레 전통 도감 전래 놀이(보급판)

기획 · 토박이
글 · 함박누리
그림 · 홍영우

초판 편집 · 김미선, 이주연, 정아름, 최은영
디자인 · 이안디자인

편집 · 김성재, 김소영, 김용란
디자인 · 이종희
제작 · 심준엽
영업 · 백봉현, 안명선, 양병희, 이옥한, 정영지
조병범, 조서연, 최민용
경영 지원 · 임혜정, 전범준, 한선희
원색 분해와 출력, 인쇄 · (주)로얄프로세스
제본 · 과성제책

초판 1쇄 펴낸 날 · 2009년 3월 3일
보급판 1쇄 펴낸 날 · 2016년 4월 30일
펴낸이 · 윤구병
펴낸 곳 · (주)도서출판 보리
출판등록 · 1991년 8월 6일 제9-279호
주소 · (10881) 경기도 파주시 직지길 492
전화 · 031-955-3535(영업) | 031-950-9542(편집)
전송 · 031-950-9501
홈페이지 · www.boribook.com
전자우편 · bori@boribook.com

토박이
주소 · (04050) 서울시 마포구 양화로 156
LG팰리스빌딩 918호
전화 · 02-323-7125 | 전송 · 02-323-7126
전자우편 · tobagi3@empal.com

값 20,000원

ISBN 978-89-8428-923-9 74600
ISBN 978-89-8428-921-5 (세트) 74600
이 도서의 국립중앙도서관 출판예정도서목록(CIP)은 서지정보유통지원시스템 홈페이지(http://seoji.nl.go.kr)와 국가자료공동목록시스템(http://www.nl.go.kr/kolisnet)에서 이용하실 수 있습니다. (CIP제어번호 : CIP2016007916)

겨레 전통 도감

전래 놀이

기획 토박이
글 함박누리
그림 홍영우

보리

차례

자연 속에서 뛰노는 놀이

머리말

아이들은 모두 될성부른 떡잎이지. 떡잎은 잘 먹고 마음껏 놀아야 이다음에 큰 나무로 자랄 수 있어.

옛날에는 농사짓느라 바쁘고 살림살이도 어려워서 부모님이 같이 놀아 주거나 장난감을 사 줄 만한 여유가 있는 집이 그리 많지 않았어. 그래도 아이들이 기가 죽는 일은 없었지. 눈앞에 펼쳐진 자연이 그대로 커다란 놀이터였고, 그 속에는 온갖 장난감이 가득했으니까.

남자아이들은 산에서 쇠꼴을 베다가도 웃통을 벗어 던지고 씨름을 했어. 강가에서 납작한 돌멩이를 주우면 물수제비뜨기도 하고. 여자아이들은 논밭에 나간 부모님 대신 어린 동생을 돌보면서 감꽃을 주워 조개껍질에 예쁘게 담아 소꿉놀이를 하고 작은 돌을 모아 공기놀이도 했지. 이 땅에서 난 아이라면 누구나 이런 놀이를 하면서 참 신나게 지냈어.

엄마와 아빠, 더 거슬러 올라가 할아버지, 할머니들은 어릴 적에 어떤 놀이를 하면서 놀았을까? 더 먼 조상들의 어린 시절에는 어떤 추억과 놀이가 함께했을까?

이 세상에는 수많은 겨레가 있고, 겨레마다 독특한 생각과 마음이 담긴 놀이가 있어. 그것을 '전래 놀이' 라고 해.

오늘날까지 전해 오는 놀이 가운데에는 우리나라에서 생겨난 것도 있고 다른 나라에서 들어온 것도 있어. 다른 나라에서 들어온 놀이는 우리 겨레 정서에 맞게 조금씩 모습을 바꿔 가며 우리 놀이로 자리를 잡아 왔지. 그렇게 아주 오랜 시간 동안 이어져 내려왔기에 우리 전래 놀이는 멀고 먼 조상들의 풍습과 마음까지 엿볼 수 있는 소중한 유산이야.

하지만 요즈음 전래 놀이가 설 자리를 점점 잃어 가는 것 같아서 안타까워. 놀이는 아이들이 놀지 않으면 생명을 잃게 돼. 우리 겨레의 마음이 가장 잘 담겨 있는 전래 놀이가 없어지면 어떻게 될까? 아마 우리 겨레다움을 배우고 익히기가 정말 어려울 거야.

우리 아이들이 전래 놀이를 통해 자연과 더불어 기운과 슬기를 키우고 다른 사람과 어울려 사는 법을 배울 수 있다면 얼마나 신나는 일일까? 머리로 익힌 것보다 몸으로 익힌 게 참으로 제 것이 되어 오래가는 법이거든.

아저씨는 예전처럼 학교 운동장과 빈터에서 아이들이 전래 놀이를 하면서 뛰고 구르고 즐거워하는 모습을 자주 볼 수 있으면 좋겠어.

집 안이나 골목길에서 하는 놀이

각시놀음
고누
고무줄놀이
공기놀이
공놀이
구슬치기
그림자놀이
널뛰기
딱지치기
땅따먹기
바둑
비사치기
소꿉놀이
손뼉치기
실뜨기
윷놀이
장기
제기차기
투호

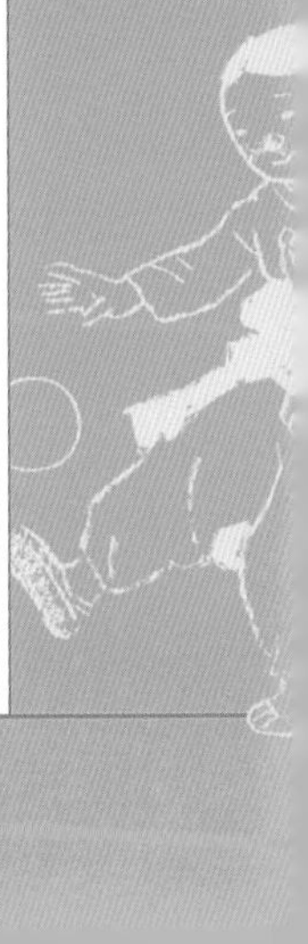

각시놀음

각시놀음

옛날부터 신랑은 장가를 들고 각시는 시집을 가는 혼례를 올려서 백년해로 부부가 되었어. 혼례 잔치는 각시 집 마당에서 올리는데 온 동네 사람들이 모인 가운데 병풍을 치고 초례상을 놓았지. 신랑이 말 타고 와서 먼저 한쪽에 서면 방에서 기다리던 각시가 밖으로 나오는 거야.

고운 활옷을 입은 각시가 머리에 족두리를 쓰고 볼과 이마에는 연지 곤지를 찍고 수줍은 듯 고개를 숙이고 있어. 두 손은 앞으로 모아 올렸는데, 위에 꽃무늬가 새겨진 하얀 수건을 덮어서 내려뜨렸어.

신랑 각시가 예법에 따라 혼례를 올리면 사람들은 "인물이 훤하네!", "참 곱다." 덕담을 하고, 웃음소리가 마당 가득 넘쳐 났어. 아이들은 잔칫집에서 얻은 떡이나 전을 두 손에 들고 어른들 틈에 끼여 까치발을 하고 그 모습을 구경했지.

이렇게 혼례를 올리는 신랑 각시 모습은 아이들 마음에 오래도록 남기 마련이야. 사내아이들은 말 타는 놀이를 하며 건들거리고 여자아이들은 자기도 크면 그렇게 연지 곤지 찍고 시집갈 날을 한번쯤 그려 보았지. 봄날 풀밭에서 하는 각시놀음은 그렇게 시작된 거야.

각시놀음은 '풀각시놀이' 라고도 해. 지방에 따라 '색시놀이', '세간 살이', '아기 살이' 라고도 한대. 풀잎과 대나무 조각으로 인형을 만들어 노는 여자아이들 놀이인데 삼월 삼짇날 즈음부터 음력 삼사월에 많이 했어. 이때는 새로 난 풀이 웬만큼 자라서 질겨지는 무렵이기도 하고 햇살이 따뜻해져서 밖에 나가 놀기에 알맞은 때이기도 하거든.

각시놀음을 하려면 먼저 각시를 만들어야지. 아이들한테는 각시를 만드는 일부터 여간 재미난 게 아니야. 어떻게 만들까, 어떤 옷을 입힐까, 궁리도 참 많지. 여럿이 만들 때에는 누가 더 잘 만드나 내기를 하기도 하고. 어린 동생은 언니 옆에 붙어서 자기 것도 만들어 달라고 졸라 대는 거야.

각시를 만들려면 대나무 조각과 옷으로 쓸 천, 잘 끊어지지 않는 풀만 있으면 돼. 대나무 조각 윗부분에다 풀을 비끄러매서 쪽 찐 각시 머리를 만들어. 가운데에 작은 나뭇조각을 비녀처럼 찔러서 머리가 풀어지지 않게 해야지. 그러고 나서 갖가지 빛깔 천으로 저고리와 치마를 만들어 입혀. 엄마한테서 얻은 자투리 천이지만 곱기만 한걸. 그렇게 예쁜 각시를 만들고 나면 바지저고리를 입힌 멋진 신랑까지 만들어 놀기도 했어.

예나 지금이나 아이들은 어른 흉내 내기를 좋아해. 각시놀음도 어른들이 하는 혼례와 혼인 생활을 따라 하며 노는 놀이였어. 역사도 꽤 오래 되었지. 조선 순조 때 학자 홍석모가 쓴《동국세시기》와 조선 후기 실학자 이규경이 지은《오주연문장전산고》에도 각시놀음을 어떻게 했는지 잘 나와 있어. 그때는 이부자리에 베개며 병풍 들을 차려 놓고 놀이를 했다고 하니, 아마 풀각시를 만들어 방에서도 가지고 놀았나 봐.

각시놀음은 열 살 넘은 여자아이들이 즐겨 했어. 놀이를 하면서 혼인에 대해 상상하고, 집안 살림 또한 이해하게 되었을 거야. 금발에 화려한 드레스를 입은 마론 인형에 견주면 풀각시가 너무 초라하게 보일지도 몰라. 하지만 각시놀음은 장난감이 마땅치 않던 때에 아이들의 자연스러운 성장에 있어 큰 가치가 있는 놀이였어.

고누

고누

길고 긴 여름날 냇물에서 멱을 감고 난 다음에 누가 부르지 않아도 냇가에 서 있는 느티나무 그늘 아래로 모여들었어. 나무 아래에서 시원하게 즐길 수 있는 고누를 하려고 말이야. 땅바닥에 말판을 그리고 말로 쓸 돌을 주우면 준비 끝!

고누를 둘 때도 조심해야 할 것은 있어. 아무리 심심풀이 놀이라고 해도 서로 상대를 잘 대해서 좋은 수로 승부를 겨루어야 하지. 또 구경꾼은 수가 훤히 보여도 끼어들어 훈수를 두어서는 안 돼. 고누 두는 사람끼리 다툼이 일어날 수도 있거든.

고누를 두다 보면 이기고 싶은 마음에 자연히 꾀를 내기 마련이야. 어릴 때 이렇게 머리 쓰는 놀이를 하면 커서도 여러 가지로 도움이 돼. 어떤 문제가 생겼을 때에 여러 가지 해결 방법을 생각할 수 있지.

농촌에서는 아이들도 바쁜 농사일을 거들다 보니 한가하게 바둑을 두는 일은 별로 없었어. 그래도 알게 모르게 익힌 바둑 솜씨들이 제법이었지. 아마 고누를 하면서 바둑의 기본을 미리 알았기 때문인가 봐.

시골 정자나무 밑 시멘트 바닥을 보면 고누 말판이 새겨져 있는 걸 종종 볼 수 있어. 아저씨가 어릴 때 놀던 정자나무 밑에도 말판이 있었지. 그걸 보면 아이들을 위해 말판을 그려 주던 어른들 마음이 새록새록 느껴져.

고누를 두는 방법은 여러 가지야. 놀이법에 따라 말판 생김새도 조금씩 다르지.

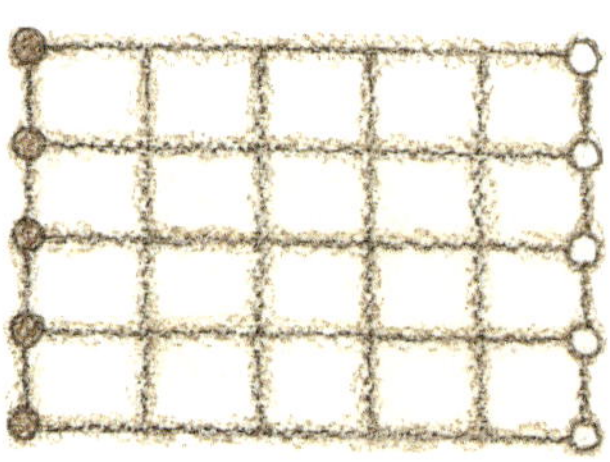

줄고누 가로 다섯 줄, 세로 여섯 줄씩 금을 그어서 말판을 만들어. 말은 한 편에 다섯 개씩 필요해. 앞이나 뒤, 양옆으로 한 칸씩 갈 수 있는데 두 말 사이에 상대 말이 들어가게 해서 다 따면 이기는 거야.

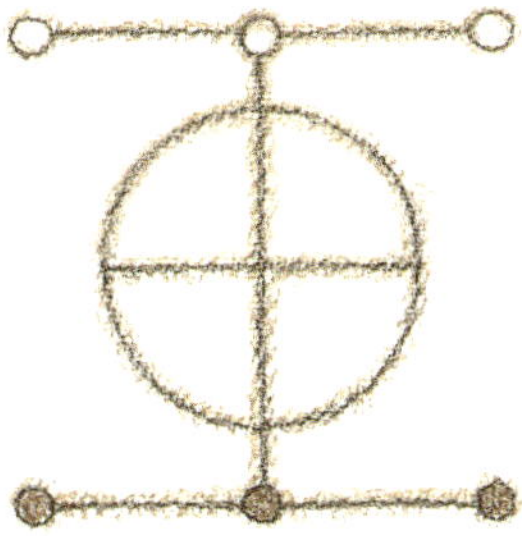

호박고누 임금 왕(王) 자 안쪽에 동그라미를 그려서 말판을 만들어. 말이 세 개씩 필요한데, 각각 바깥 줄 위 세 점에다 말을 놓고 시작하는 거야. 동그라미 안에서는 선을 따라 마음대로 움직일 수 있지만 말이 놓여 있던 자리로 들어갈 수는 없어.

우물고누 동그라미 안에 열 십(十) 자로 금을 그은 다음 한 칸을 지우면 돼. 말을 두 개씩 준비해서 동그라미 위 두 점에다 각각 놓고 놀이를 시작하는데, 먼저 하는 사람은 끝에 놓인 말을 움직일 수 없어. 꾀대로 두다가 자기 차례에서 말을 움직일 수 없으면 지는 거야.

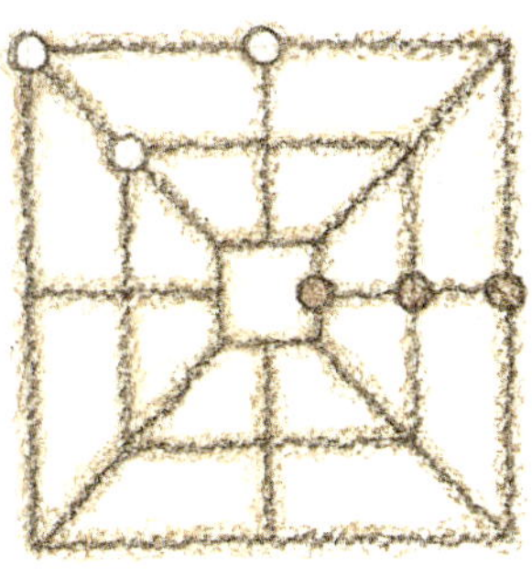

꽃고누 네모를 그리고 그것을 둘러싸는 네모를 두 개 더 그려. 네모들의 꼭짓점을 따라 곧게 금을 긋고 네 변의 중간에서 또 금 네 개를 그으면 꼭짓점이 스물네 개 나와. 그러면 각자 말을 열두 개씩 갖고 순서를 정해. 한 개씩 말을 놓는데 자기 말 세 개가 일직선이 되면 상대 말 하나를 따는 거야. 그 자리에는 가위표를 하고 다시 말을 놓을 수가 없지. 이런 식으로 상대 말을 다 떼어 내거나 세 개가 안 되게 막으면 이기는 거야.

고무줄놀이

고무줄놀이

고무줄놀이는 우리나라가 일제 강점기에서 벗어난 뒤에 퍼진 놀이야. 고무줄이 흔해지면서 여자아이들이 즐겨 하게 되었지.

고무줄을 한창 배울 때에는 집 밖에서나 방 안에서나 여기저기 고무줄을 묶어 놓고 연습에 열을 올렸어. 방바닥을 쿵쿵 울리면서 뛰다가 어른들한테 꾸중깨나 들었지.

장난감 기차가 칙칙 떠나간다
과자와 사탕을 싣고서
엄마 방에 있는 우리 아기한테
갖다 주러 갑니다.

세 줄 고무줄놀이를 할 때 부르는 노래야. 이 노래 말고도 '퐁당퐁당 돌을 던지자', '아가야 나오너라 달맞이 가자', '아버지는 나귀 타고 장에 가시고', '하얀 눈 위에 구두 발자국' 같은 동요를 많이 불렀어. 큰 아이들은 고무줄놀이에 이력이 붙어서 '산골짝에 다람쥐 아기 다람쥐' 나 '금강산 찾아 가자 일만 이천 봉' 처럼 긴 노래를 부르며 폴짝폴짝 뛰었지.

긴 고무줄과 빈터만 있으면 고무줄놀이를 할 수 있어. 두 명이 고무줄을 잡아 주는 한 줄짜리 고무줄놀이를 가장 많이 했지. 쉬운 단계에서는 단순히 고무줄을 넘거나 밟기만 하지만, 어려운 단계로 올라가면 고무줄을 다리에 몇 번이나 감았다 풀었다 하고 밟았다 놓았다 하면서 재주를 부려야 해.

또 두 줄 고무줄놀이도 있어. 고무줄 두 끝을 묶은 다음 두 명이 몸에 고무줄을 걸어. 그러면 한 사람이 그 사이에 들어가서 고무줄을 뛰는 거야. 아무래도 한 줄 고무줄놀이보다는 어려워서인지, 두 줄 고무줄놀이 노래는 '월계 화계 수수 목단 금단 초단

일' 이나 '월남 마차 타고 가는 캔디 아가씨' 같이 짤막했어.

네 사람 넘게 모이면 세 줄 고무줄놀이도 할 수 있어. 고무줄 끝을 묶고 세 사람이 몸에 걸면 세모꼴이 만들어지지. 고무줄 뛰는 사람은 세 사람 사이를 차례로 도는 거야.

고무줄놀이를 할 때 처음에는 발목에서부터 시작해서 무릎, 허벅지, 배꼽, 가슴, 귀, 머리 위, 머리보다 한 뼘 위까지 고무줄을 높여 가. 다리를 들어도 닿지 않는 높이가 되면 물구나무를 서서 고무줄을 걸어야 해. 끝까지 다 해내면 한 동을 한 것으로 치고 다시 처음으로 돌아갔지.

고무줄놀이를 하다가 신발에 줄이 자꾸 걸리면 아예 양말 바람으로 하기도 했어. 또 여자아이들끼리 고무줄놀이를 하고 있으면 남자아이들은 괜히 심술이 나서 고무줄을 끊고 도망가기도 하고. 어떤 아이들은 옆에서 '누구누구 속옷 보인다' 며 놀려 대기도 했지.

두 줄 고무줄놀이

세 줄 고무줄놀이

공기놀이

공기놀이

예전에 농촌에서는 집집마다 소를 키웠어. 봄부터 가을까지 강둑으로 소를 몰고 가서 풀을 뜯기는 게 아이들이 할 일이었지. 소가 풀을 뜯는 옆에서 남자아이들은 헤엄을 치거나 물고기를 잡고, 여자아이들은 공기놀이를 했어.

강둑 위는 맨 모래흙인데다가 뾰족한 돌도 없어서 공기놀이를 하기에 그만이야. 공기놀이에 정신이 팔려 어떤 때는 소가 논으로 들어가는 것도 모르고 있다가 혼이 나기도 했지. 아이들이 공기를 하도 해 대니까 지나가던 어른들은 '콩돌 줍기 많이 하면 흉년 든다' 면서 못마땅해했어.

공기를 하기로 하고는 저마다 웃옷이나 치마 앞자락에 공깃돌로 쓸 만한 작은 돌을 가득 주워 담아 와서 한데 모았어. 공기놀이에 한창 마음을 빼앗겼을 때에는 돌무더기 틈에서도 공기놀이를 하기에 맞춤한 돌이 보석처럼 반짝거리면서 눈에 쏙쏙 들어왔지.

자, 그럼 공기놀이를 시작해 볼까? 먼저 차례를 정해야지. 공깃돌 여러 개를 위로 던져 올리고 떨어지는 돌을 손등으로 받아. 가장 많이 받은 사람부터 시작하는 거야. 첫 번째로 하게 된 아이는 공깃돌 다섯 개를 한 번에 잘 흩뿌려. 그 가운데 한 개를 집어 들고 높이 던져 올린 다음 그 돌이 떨어지기 전에 바닥에 있는 나머지 돌 가운데 한 개를 잽싸게 집고 던져 올린 돌을 같은 손으로 받아 내. 이렇게 던지고 받기를 한 번에 해야 하니까 바닥에 있는 돌을 빨리 집는 게 중요하지. 이렇게 흩뿌린 공깃돌 네 개를 하나씩 같은 방법으로 다 집으면 1단 성공! 2단도 같은 방법으로 하는 거야. 공깃돌 한 개를 던져 올린 다음 흩뿌린 공깃돌 가운데 두 개를 집어 들고는 같은 손으로 던진 공깃돌을 받아 내면 돼. 공기놀이를 잘 하려면 처음에 공깃돌을 잘 흩뿌려 놓아야 해. 1단을 할 땐 하나씩 떨어져 있어야 집기 좋고, 2단을 할 땐 두 개씩 붙어 있게 흩뿌리는 요령이 필요하지. 하다 보면 너무 세게 흩뿌려서 공깃돌끼리 멀리 떨어질 때도 있어. 그러면 한 개를 높이 던져 올려 시간을 번 다음 바닥에 있는 공깃돌을 손으로 재빨리 쓸어서 손안에 쥐고 떨어지는 알을 받아 내야 하지. 그걸 해낸 아이는 절로 어깨가 으쓱해지고 옆에선 “와!” 하는 소리가 절로 나와. 같은 방법으로 4단까지 끝내면 이제 '꺾기' 를 할 차례야. 공깃돌 다섯 개를 모두 던져 올린 다음 손등으로 받아 내. 많이 받아 낼수록 좋지만 받아 낸 공깃돌을 다시 위로 던져 올려서 잡아야 하니까 자신이 없으면 손등에 너무 많이 받지 않는 것이 좋아. 그렇게 해서 잡은 공깃돌 수만큼 나이를 먹는 거야. 세 개를 손등에 받았다가 던져 올려서 잡으면 3년이 되는 거지.

공깃돌을 집을 때는 다른 공깃돌을 건드리면 안 돼. 던진 공깃돌을 받지 못하고 놓쳐도 다음 아이한테 차례가 넘어가.

공기놀이는, 고구려 무덤 벽화에도 다섯 알 공기를 하는 모습이 그려져 있을 만큼 오래된 우리 놀이야. 또 놀이하는 방법도 지방마다 시대마다 가지가지야. 던져 올린 공깃돌을 받지 않는 바보 공기, 두 손을 깍지 낀 채 집게손가락만 빼서 공깃돌을 집는 코끼리 공기, 왼쪽 손바닥을 바닥에 대고 왼손을 동굴처럼 둥글게 만들어 그 안에 공깃돌을 집어넣는 터널 공기 같이 색다른 것도 있고 알 낳기, 알 품기, 솥 걸기처럼 한층 더 복잡하고 어려운 것도 있어.

공놀이

공놀이

요즈음 가지고 노는 가볍고 잘 튀는 고무공이 나온 지는 얼마 되지 않았어. 일제로부터 해방이 된 뒤에도 한동안은 고무가 귀해서 그 귀한 고무로 공을 만드는 건 엄두도 못 냈지. 우리나라 살림이 어느 정도 자리를 잡고 나서야 비로소 아이들이 고무공을 갖고 놀 수가 있었어.

남자아이들은 주로 공차기를 했지만 여자아이들은 손으로 튀기는 공놀이를 많이 했어. 어른 주먹만 한 고무공을 손바닥으로 튀기는데, '할미꽃'이나 '코끼리 아저씨' 같은 노래를 부르면서 놀았지. 손바닥으로 튀기기만 하는 게 아니라 다리 사이로 넣었다 빼기도 하고, 손 위에 올려놓았다 발끝으로 튀기기도 했어.

아이들은 부엌 아궁이에 불을 때거나 마루에서 걸레질을 하다가도 틈만 나면 공놀이를 했어. 어린 동생을 등에 업고도 잘 했지. 이렇게 만날 공을 가지고 놀다 보니 손바닥에 고무공이 착착 달라붙듯이 잘 튀기게 되었어. 눈을 감고도 공놀이를 할 수 있을 정도였지.

여자아이들은 너나없이 통통 잘 튀는 고무공을 갖는 게 소원이었어. 새로 공을 산 아이가 있으면 모두 공놀이를 하러 그 집으로 몰려갔지. 새 공이 아깝긴 하지만 어쩌겠어. 동무들이 몰려와서 놀자고 하니 안 내놓을 수가 있나. 아이들은 공 임자 마음이 타는 것도 모르고 해가 저물도록 공놀이를 하고 돌아갔어. 그렇게 날마다 모여서 공놀이를 하다 보면 새 공도 어느새 물렁물렁해지고 잘 튀지 않아서 재미가 없어져. 그러면 다른 아이가 또 공을 사고, 이번엔 모두 그 아이 집으로 몰려가는 거야.

동네에서 가장 많이 부르던 공치기 노래와 놀이 방법을 하나 소개할게.

1원짜리 예예예, 1원짜리 예예예
1원 주고 샀다고, 자랑하더라 야야

어머니, 받아주세요.

차례로 2원, 3원으로 넘어가고 9원까지 이어지는데, 이 노래를 부르면서 움직임도 여러 가지로 바꾸는 거야. 1원에서는 한쪽 다리 아래로 공을 넘기면서 치고 2원에서는 한쪽 다리를 든 채 손을 무릎 밑으로 넣고 쳐. 3원에서는 옷자락 잡은 팔 사이에 다른 손을 위에서 아래로 넣어서 치고, 4원에서는 옷자락 잡은 팔 밑에서 위로 손을 빼서 치는 거야. 5원에서는 공을 바닥에 치고는 튀어 오르는 공을 옷자락을 잡은 팔 사이로 넣어야 돼. 6원에서는 한 발로 공을 툭 건드려 차 올린 다음, 7원에서는 뒤로 손을 뻗어서 공을 다리 사이로 쳐서 앞으로 나오게 하고, 8원은 7원과 반대로 앞에서 다리 사이로 공을 쳐서 뒤로 나오게 해. 9원에서는 다리 사이로 공을 튀겨 뒤로 가게 했다가 한 번에 다시 쳐서 앞으로 돌아오게 하는 거야. 마지막으로 공을 쳐서 다리 사이로 넣고 엉덩이 부분에서 두 손으로 받으면 끝!

조금 익숙해지면 이번에는 한 구절마다 끝 부분에서 그 동작을 세 번씩 잇따라 하는 걸로 넘어가. 예를 들면, 1원의 '예예예' 하는 부분에서 다리로 공을 세 번 넘기면서 쳐야 하는 거야. 어때? 한번 해 보고 싶지 않니?

구슬치기

구슬치기

예전에는 놀이터나 빈터마다 양지바른 쪽 바닥에 주먹만 한 구멍이 뚫려 있는 걸 흔히 볼 수 있었어. 그 구멍은 아이들이 언제든지 와서 구슬치기를 할 수 있게 파 놓은 것이었지.

구멍을 만드는 방법은 아주 쉬워. 막대기로 바닥을 조금 헤집은 다음에 발뒤꿈치를 대고 빙 돌면 구멍이 생기지. 가장 많이 보이는 것은 가로세로 열 십(十) 자 꼴 구멍이야. 첫째 줄은 한 개, 한 걸음쯤 떨어진 둘째 줄은 두 개, 셋째 줄은 다섯 개, 넷째 줄은 두 개, 다섯째 줄은 구멍이 한 개 뚫려 있어. 다섯째 줄은 꼭지여서 넷째 줄에서 두 걸음쯤 떨어졌어. 또 가운데에 구멍 하나를 파고 그 둘레 위, 아래, 왼쪽, 오른쪽에 구멍을 하나씩 더 파는 놀이도 있어. 멀리서 구슬을 굴려 이 구멍에 넣는 거야.

구슬치기를 하다 보면 해가 지는지도 모르고 배가 고픈지도 몰라. 바닥에 무릎을 꿇고 앉아 한쪽 눈을 찡긋거리면서 겨냥을 하면 구경하는 아이들까지 가슴이 조마조마해. 초점을 맞추고 손가락에 힘을 주어 튕겨서 구슬이 구멍에 쏙 들어가거나 다른 구슬을 맞추어 따게 되면 한쪽에선 환호성을 지르지만 한쪽은 구슬을 잃는 것이 안타까워 풀 죽은 얼굴이 되지.

좀 큰 아이들은 서너 걸음 떨어진 곳에 세모꼴을 그려 놓고 그 안에 각자 정한 만큼 구슬을 넣어 둔 다음 좀 떨어진 데서 구슬을 던져서 튕겨져 나간 구슬을 따먹는 놀이를 많이 했어. 이것 말고도 이쪽 금에서 저쪽 금으로 구슬을 던져서 금에 가장 가까이 간 구슬이 나머지를 다 따먹는 것도 있었어. 작은 아이들은 구슬 굴리기를 많이 했지. 담장에 판판한 돌을 비스듬히 기대어 놓고 그 위에 구슬을 굴려 가장 멀리 간 구슬이 나머지를 모두 따먹는 거야. 구슬을 높이 들어서 굴리면 멀리 나아가니까 모두들 발돋움을 하고 팔을 높이 들려고 애를 썼어. 하지만 아무리 높이 들어도 돌 위로 잘 굴리지 못하면 말짱 도루묵이었지.

딱지도 그렇지만 구슬은 아이들한테 큰 재산이었어. 구슬치기를 하다 보면 딸 때도 있고 잃을 때도 있는데, 잘 하는 아이들은 하루에도 이삼십 개씩 땄거든. 그런 애들은 울룩불룩한 바지 주머니가 아래로 축 처지고, 아예 구슬 주머니가 된 신발주머니에서는 걸을 때마다 구슬 부딪치는 소리가 찰찰 나는 거야. 그때는 그 소리만큼 부러운 것도 없었어. 구슬을 모두 잃은 아이들은 많이 딴 아이한테 잘 보여서 하나라도 얻으려고 졸졸 따라다녔지.

구슬치기에 웬만큼 자신이 붙었을 때였어. 그날따라 이상하게 마을 빈터에 만만한 동무들이 코빼기도 보이지 않는 거야. 하는 수 없이 나보다 큰 아이들 틈에 끼어서 구슬치기를 했어. 여느 때 같으면 구슬을 주면서 하자고 해도 마다했을 텐데 말이야. 결국 그날 구슬을 백 개도 넘게 잃고 말았어. 도중에 포기할까 했지만 잃은 것이 너무 억울해서 자꾸 하다 보니까 그렇게 된 거야.

그날 밤 아끼던 딱지 보따리를 들고 또래 가운데 구슬을 가장 많이 가진 동무를 찾아갔어. 어렵사리 동무를 구슬려서 딱지와 구슬을 맞바꾸고는 다음날 다시 구슬치기를 했는데……. 그만 또 몽땅 잃고 만 거야. 너무 속이 상해서 밥도 안 먹고 말도 안 하고 누워만 있었어. 보다 못한 형이 나섰지. 해질녘, 구슬이 가득 담긴 신발주머니를 마루에 툭 던져 주며 싱긋 웃는 형 모습은 홍길동보다 더 멋있게 보였다니까.

그림자놀이

그림자놀이

손에 빛을 비추면 그림자가 생기잖아. 손을 움직이면 그림자도 따라 움직이지. 손가락을 구부리거나 벌리거나 하면서 그림자를 움직여 봐. 그림자 생김새가 무엇인가 닮은 것 같지 않아? 강아지나 나비, 토끼 같은 것들 말이야. 그림자놀이는 이렇게 시작되었어.

집집마다 전기가 들어오기 전에는 긴긴 겨울밤을 지내기가 너무 갑갑했어. 여름에는 바깥에서 뛰놀기라도 한다지만 엄동설한에는 어림도 없잖아. 하는 수 없이 뜨듯한 아랫목으로 몰려들어 재미나게 시간을 보낼 궁리를 하지. 그림자놀이는 그런 때 가장 먼저 떠오르는 놀이였어.

그림자놀이를 하려면 전깃불보다 촛불이나 호롱불이 더 좋아. 그림자가 훨씬 크게 만들어질 뿐만 아니라 손을 조금만 움직여도 그림자가 일렁거려서 재미있지. 그림자를 잘 만들려면 불빛과 그림자가 생기는 벽 사이 거리를 잘 조절해야 해. 그리고 손으로 여러 가지 모양 만드는 법도 익혀야 하지. 처음에는 누구나 어설프지만 조금만 해 보면 손 움직임을 익혀서 놀이를 같이 할 수 있어.

동물이나 물건 생김새와 비슷한 그림자를 누가 더 잘 만드는지 겨루는 거야. 또 솜씨 좋은 아이가 그림자를 만들어 보이면 그게 무엇인지 맞추기도 하지. 편을 갈라서 어느 쪽이 그림자를 더 많이 만들어 내는지 내기를 하기도 했어. 이것도 그냥 하면 재미가 없으니까 또 새로운 놀이를 만들어. 한편이 닭 그림자를 만들면 다른 편은 개 그림자를 만들어서 뒤쫓는 시늉을 해. 닭 그림자를 만든 편이 새 그림자를 만들어 달아나면 개 그림자를 만든 편은 매 그림자를 만들어 그 뒤를 쫓아가는 거야.

마을에 전기가 들어온 뒤에도 아이들은 종종 그림자놀이를 했어. 하루는 일이 있어서 어른들이 집을 비우신 사이에 마을 또래들을 집으로 불러 모았지. 한참을 놀고 있는데 갑자기 전기가 나가면서 사방이 깜깜해졌어. 부모님도 안 계시고, 어찌나 무섭던지……. 우리는 이불을 뒤집어쓰고 벌벌 떨고만 있었어. 바로 그때 누군가가 소리쳤어.

"맞아! 그림자놀이를 하면 되겠네!"

손전등으로 그림자놀이를 하다 보니까 어느새 무서움도 스르르 사라졌어. 한참 뒤에 전깃불이 다시 들어왔지만 불을 꺼 놓고 계속 그림자놀이를 했지. 얼마나 재미있던지 밤이 꼬박 새는 것도 모르고 말이야.

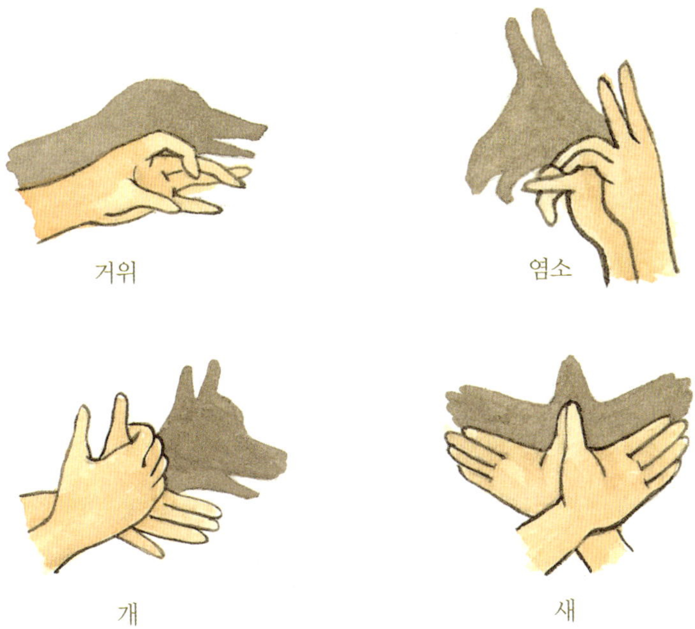

여러 가지 동물 그림자

널뛰기

널뛰기

널뛰기는 긴 널 가운데에 짚방석이나 멍석을 괴어 놓고 양 끝에 두 사람이 서서 번갈아 발로 구르면서 뛰어오르는 놀이야.

우리나라에만 있는 독특한 민속놀이지. 서양에는 널뛰기와 비슷한 시소 놀이가 있지만 널뛰기처럼 높이 뛰어오르는 활달한 놀이는 아니야. 이웃 나라 일본에도 널뛰기가 있는데, 조선 시대에 사신이 우리나라에 왔다가 널뛰기를 보고는 자기 나라에 전한 것이라고 해.

언제부터 널뛰기를 하게 되었는지를 두고 여러 가지 이야기가 많아. 부녀자들이 담장 밖 세상을 보려고 시작했다는 얘기도 있고, 감옥에 갇힌 남편을 보려고 널을 뛰게 되었다는 얘기도 있어. 널을 놓고 양쪽에서 번갈아 뛰는 게 발로 방아 찧는 모습과 비슷하다고 해서 삼국 시대 이전부터 널뛰기를 하지 않았을까 짐작하기도 해. 유교 사상을 소중히 여기던 조선 시대에는 부녀자들이 바깥나들이를 마음대로 할 수 없어서 담 너머를 볼 수 있는 널뛰기를 더욱 즐기게 되었다는 이야기도 있지.

널뛰기는 설날이나 정월 대보름, 단오, 한가위 같은 명절에 많이 했어. 특히 설날과 대보름이 되면 젊은 여인들은 예쁜 옷을 차려입고 한데 모여 널을 뛰었지. 우리 속담 가운데 '정월에 널뛰기를 하면 그 해에는 발바닥에 가시가 안 든다' 는 말도 있어. 그만큼 옛날에는 새해를 맞이하면 누구나 한번은 널뛰기를 해야 좋은 것으로 생각하고 즐겼던 것 같아.

널뛰기를 하면 다리 힘과 허파 힘이 좋아지고 몸을 잘 가누는 법을 익힐 수 있어. 부녀자들은 신나게 널을 뛰면서 겨울 동안 움츠려 찌뿌듯한 몸을 풀고 새봄을 맞을 준비를 했던 거야.

널뛰기를 처음 할 때에는 널 위에 가만히 서 있기도 힘들어. 중심을 잘 잡지 못하면 널이 옆으로 움직여서 몸이 흔들리기 마련이거든. 또 상대방이 발을 굴러 주면 위로 뛰어오르고 내려올 땐 힘껏 발을 굴러 상대방이 뛰어오르게 해야 하는데, 호흡이 잘 맞지 않으면 둘이 같이 발을 구르거나 뛰어오르기가 쉬워. 이럴 때는 옆에서 다른 동무들이 손을 잡아 주면서 하나, 둘, 박자를 맞추어 주면 돼. 그렇게 몇 번 하다 보면 널뛰기가 금세 몸에 밸 거야.

널뛰기를 더 신나게 하려면 마주 뛰는 두 사람 실력이 비슷해야 좋아. 양쪽에서 번갈아 하늘로 치솟았다 내려오면서 널을 세차게 구르는 소리가 어우러지면 한창 신나는 판이 된 거야. 흔히 높이 뛰어오르기와 오래 뛰기를 겨루는데, 잘 하는 사람은 뛰어오르면서 갖가지 재주를 부리기도 해. 공중으로 뛰어올라 한 바퀴 빙 돌아서 내려오거나 발을 앞으로 쭉 펴는가 하면, 다리를 가위처럼 벌리거나 허리를 뒤로 꺾고 내려오는 걸 보면 구경하는 사람들은 입을 다물 줄을 몰랐지.

단오가 가까워 오면 누나들은 널뛰기에 정신이 팔려 지냈어. 볼이 발그레해져서는 폴짝폴짝 솟구치는 모습이 정말 예뻤지. 하지만 남동생은 널뛰기에 끼워 주지 않았어. 겨우 널 가운데에 앉혀서 중심 잡는 일이나 시켜 주는 게 고작이었지. 쪼그려 앉아 누나들을 쳐다보다가 햇볕 따뜻한 날은 꾸뻑꾸뻑 졸기도 해. 어느 날 할머니가 그걸 보고는 누나들을 혼낸 뒤 다시는 널뛰는 곳에 못 가게 했어. 그래도 할머니 몰래 널 가운데 가서 앉고는 했지. 거기 앉아서 널뛰는 누나들을 놀리는 재미가 쏠쏠했거든.

딱지치기

딱지치기

요즘에도 딱지치기를 많이 하지? 뒤집힐 듯 말 듯 하다가 주저앉아 버리는 딱지를 볼 때면 얼마나 아쉬운지…….

딱지치기를 하려면 먼저 딱지를 접어야 하는데 한 번 보면 누구나 따라 만들 수 있을 만큼 쉬워. 빳빳한 종이를 긴네모꼴로 잘라서 두 장을 가로세로로 포개어 봐. 그걸 시계 방향으로 접어 나가면 두 장으로 접는 딱지가 만들어지는 거야. 그래도 만만하게 보면 안 돼. 네모반듯한 딱지를 접으려면 포개지는 면과 접는 면이 셋으로 똑같이 나누어져야 하거든. 그래야 딱지에 구멍이 안 생기고 다른 딱지로 쳐도 잘 안 넘어가지. 종이 한 장으로도 딱지를 접을 수 있어. 종이 한쪽 끝에서부터 돌려 가면서 접으면 되는데 앞뒤가 같은 꼴인 눈속임 딱지야. 이것으로 딱지치기를 하다가는 동무들 사이에서 따돌림당할 수도 있으니까 조심해.

둘이나 셋이 돌아가면서 다른 사람 딱지를 치고 딱지가 뒤집히면 가져가는 거야. 또 땅에 금을 긋고 서너 걸음 떨어진 저쪽에는 세모꼴을 그린 다음 그 안에 놓인 딱지를 이쪽 금에서 딱지로 쳐서 밖으로 빼내면 이기는 것도 있었어.

예전에는 종이를 구하기 힘들어서 딱지를 가지기도 무척 어려웠어. 어쩌다 아버지가 열두 달이 한 장에 들어 있는 달력이라도 얻어 온 날은 '에헴' 하는 기침 소리가 커지는 날이었지. 화장지도 없어서 뒷간에서 볼일을 보고 나면 종이로 뒤처리를 해야 해. 어느 집이나 뒷간에 가 보면 그 집 아이가 쓰던 공책이나 교과서를 손바닥 크기로 잘라 놓은 것을 볼 수 있었어. 문구멍을 막는 데에도 쓰고 벽지처럼 벽에 바르기도 하고……. 이렇게 쓰일 곳이 많다 보니 종이가 있어도 아이들이 딱지 접는 데 쓸 건 없었지.

하지만 신기하게도 날이면 날마다 마을 타작마당에는 새로운 딱지들이 나왔어. 아이들이 보물찾기하듯 집 안팎을 뒤져서 접을 수 있는 것은 모조리 딱지로 만들었기 때문이야. 공책, 책, 박스, 비닐 포대까지 다 딱지 재료가 되었지.

몇날 며칠 형들을 졸라 어렵사리 딱지를 만들어서 이웃에 사는 한 살 어린 아이와 맞붙었어. 그런데 웬 걸? 눈 깜짝할 사이에 딱지를 다 잃고 말았지 뭐야. 만만하게 생각하던 녀석에게 그런 꼴을 당한 것은 어쩌면 당연했어. 치는 기술은 물론이고 딱지도 내 것보다 훨씬 나았던 거야. 그 아이 딱지는 크고 빳빳한 도화지를 두 번 겹쳐 만든 것이었거든. 그 딱지로 내려치고 비껴 치고 발을 대고 치는데, 빳빳하지도 않은 얇은 딱지로 요령 없이 쳐서는 도무지 이길 수가 없지.

그렇게나 힘들게 재료를 구해서 만들어 애지중지 여기던 내 딱지들! 집에 돌아와서도 밥 생각은 나지 않고 머릿속에는 오로지 딱지만 떠다녔어. 자면서도 딱지 치는 꿈을 꿀 정도였으니까. 그 뒤로 빳빳한 새 딱지를 만들어 빼앗긴 딱지를 되찾아 올 생각만 했지. 하지만 빳빳한 종이가 집에 있을 턱이 있나? 딱 한 군데 있긴 했어. 망설이던 끝에 결국 사고를 치고 말았지. 방으로 가서 형들 책과 공책 표지를 찢어서 빳빳한 딱지를 만든 거야. 어떻게 됐느냐고? 저녁에 학교에서 돌아온 형들한테 딱 죽지 않을 만큼 맞았지. 그런데 형들한테는 분한 마음이 하나도 들지 않고 딱지를 따 간 녀석만 미웠어. 참 이상하지? 딱지치기는 그래. 많이 치면 팔이 떨어질 것처럼 아프지만 사내아이들한테는 그만둘 수 없게 끌리는 놀이인가 봐.

땅따먹기

땅따먹기

여름철 길고 긴 낮 시간이 심심해지면 아이들은 나무 그늘이나 판판한 마당에 퍼더앉아서 땅따먹기를 했어.

땅따먹기는 우리나라 어디에서든지 즐겨 하는 놀이였지. 그래서 부르는 이름도 제각각이야. 전라도에서는 작고 둥근 돌을 친다는 뜻으로 '꼭꼬락 치기' 라고 하고, 제주도에서는 '뽐을 땅' 이라고 한대.

아이들 두세 명이 땅따먹기를 하기로 뜻을 모으면 먼저 망으로 쓸 둥글고 납작한 돌이나 사금파리를 주워 와야 해. 잘 튕기는 바둑돌이나 선이 또렷이 그려지는 알루미늄 병뚜껑도 망으로 쓰기에 썩 괜찮아. 망이 좋아야 땅따먹기가 잘 되기 때문에 아이들은 망을 주울 때부터 은근히 신경전을 벌였어.

망을 고른 다음에는 땅 위에 동그라미나 네모꼴로 큼지막하게 금을 그어 벽을 만들고는 저마다 한구석을 차지하고 앉아. 그 다음, 모서리에 엄지손가락을 대고 손 뼘을 있는 힘껏 크게 벌려서 한쪽 벽 끝에서 다른 쪽 벽 끝까지 손목을 돌려 부채꼴을 그려. 그러면 그게 자기 땅이 되는 거야. 그러고 나서 가위바위보로 차례를 정하는데, 땅따먹기에서는 먼저 하는 게 꼭 좋은 것만은 아니야. 먼저 시작한 사람이 먼저 땅을 빼앗길 수도 있거든.

자기 차례가 되면 자기 땅 테두리에 망을 놓고는 엄지와 검지로 튕겨. 한 번씩 튕길 때마다 망이 움직여 간 자리에 점을 찍고 세 번 만에 자기 땅에 돌아와야 돼. 이 점들을 서로 이으면 세모나 네모가 그려지지. 이렇게 망이 지나가면서 만들어진 땅을 따먹는 거야. 또 자기 땅 테두리와 가장 가까운 벽 사이를 뼘 재기 해서 한 뼘이 넘지 않으면 벽까지 금을 그어 자기 땅으로 만들 수 있어. 어쩌다가 망이 상대방 땅에 들어가도 세 번 만에 돌아오기만 하면 자기 땅이 돼. 하지만 세 번 만에 자기 땅에 돌아오지 못하거나 튕긴 망이 테두리 밖으로 나가 버리면 다른 아이한테 차례가 넘어가고, 다음 차례에 다시 할 때는 상대방 땅과 가장 가까운 곳에서 망을 튕겨야 해. 서로 땅을 많이 차지하려고 용을 쓰다가 더 이상 따먹을 땅이 없어지면 놀이가 끝나고 땅을 가장 많이 차지한 사람이 이기는 거야.

이런 땅따먹기와 비슷한 놀이로 '땅재먹기' 라는 것이 있어. 상대방 땅으로 망을 튕겨서 세 번 만에 상대방 망을 맞추면 자기 뼘만큼 땅을 넓혀 가는 거야. 땅따먹기가 끝난 다음에 땅재먹기를 하기도 해.

땅따먹기를 하다가 땅을 따먹으면 두 손이 번쩍 들리고 '만세!' 소리가 절로 나오지만, 자기 땅을 빼앗기면 아쉬움에 땅을 쳤어. 땅을 조금이라도 더 차지하려고 있는 대로 뼘을 늘이는가 하면 전에 그은 금을 지우느라 자기 땅을 쓸고 닦고 하면서 손이야 흙투성이가 되든 말든 아랑곳 안 했어. 튀어나온 돌멩이에 긁히면서도 손으로 얼마나 문질렀는지 땅이 반질반질할 정도였지.

어릴 적에 몸집이 작아서 동무들 사이에서 뒷전으로 밀리기 일쑤였지만 땅따먹기만은 곧잘 했어. 한번은 무슨 놀이든지 잘해서 주눅 들게 했던 동무랑 같이 땅따먹기를 했는데 내가 이겼지 뭐야. 괜스레 어깨가 으쓱해지더라. 문득 땅따먹기 놀이를 즐겨 하던 그때 그 마당과 동무들이 그리워지네.

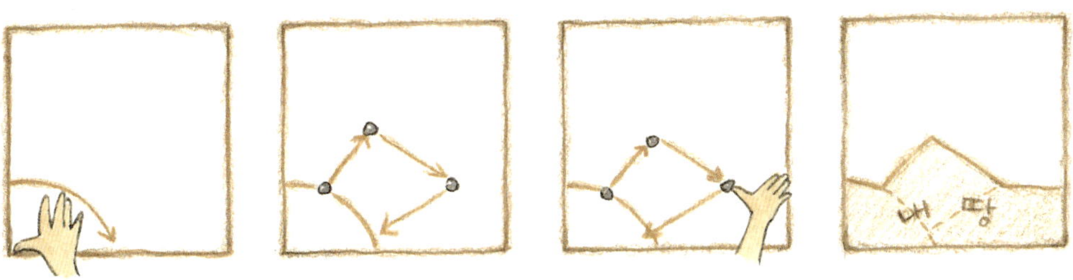

바둑

바둑

까마득한 옛날, 중국 요임금한테는 공부하기를 아주 싫어하는 아들이 있었대. 요임금은 어떻게 하면 아들한테 공부를 시킬 수 있을까 고민하다가 바둑을 생각해 냈어.

'아무것도 안 하는 것보다는 이 바둑이라도 하는 것이 나을 거야.'

바둑은 심심풀이로 하긴 하지만 머리를 써야 하는 놀이야. 오늘날까지 많은 사람들이 즐기는 걸 보면 바둑에는 요임금도 깨닫지 못한 재미가 담겨 있나 봐.

바둑판을 보면 가로세로로 줄이 열아홉 개씩 그어져 있어. 이 줄이 서로 만나서 점이 361개 생기는데 이걸 '집' 이라고 해. 바둑은 두 사람이 검은 돌과 흰 돌을 번갈아 점에 놓아 마지막에 집을 많이 남기는 쪽이 이기는 놀이야.

바둑에서 이기려면 자기 집은 넓히고 상대방은 집을 못 짓게 막아야 해. 서로 집을 넓히고 상대방 돌을 쫓아가 잡고 하면서 옥신각신하지. 그러다 둘레가 모두 막힌 돌이 생기면 들어내는 거야. 죽은 돌이라는 뜻으로 '사석' 이라고 하는데, 나중에 한 개를 한 집으로 쳐서 상대방 집을 메우는 데에 써.

상대방 돌에 둘러싸여 있어도 자기가 놓은 돌을 살리려면 집을 두 칸 이상 내야 해. 집이 하나면 상대방이 바깥쪽을 다 메우고 그 집에다 돌을 놓아 따먹어 버릴 수 있거든. 처음 바둑을 둘 때 가장 많이 헷갈리는 것인데, 기껏 만든 집이 죽었는지 살았는지도 모른다니까.

바둑을 두기 시작할 때는 넓디넓은 바둑판을 언제 다 메울까 싶어. 하지만 두다 보면 어느새 바둑판은 흰 돌과 검은 돌로 덮이지.

우리나라는 바둑 역사가 길어서 두는 법이 중국이나 일본과 다르게 발달했어. 일본에 있는 '도다이지〔東大寺〕' 라는 오래된 절에는 백제에서 건너간 바둑판과 바둑돌이 있대. 바둑판은 줄이 열일곱 개이고 두는 법도 다르다고 해. 바둑판에 '화점' 이라는 점이 있어서 바둑을 시작할 때 이 점에 돌을 꽃무늬처럼 놓고 시작했다는 거야. 이렇게 두는 것을 '순장바둑' 이라고 해.

삼국 시대에는 귀족들이 많이 즐겼는데 바둑을 얼마나 좋아했는지 웃지 못할 이야기도 전해 오고 있어. 백제 개로왕이 바둑을 몹시 좋아한다는 것을 알고, 고구려에서는 바둑을 잘 두던 도림이라는 중을 백제로 몰래 보냈대. 개로왕이 바둑에 미쳐 나랏일을 돌보지 못하게 한 뒤 백제를 치려는 속셈이었지. 이 작전은 용케도 맞아떨어져 개로왕은 고구려 군한테 잡혀 죽고 수도도 한성에서 공주로 바뀌었다고 해.

바둑은 고려와 조선으로 이어지면서 더욱 널리 퍼지고 수도 많아졌어. 특히 고려는 바둑 잘 두는 사람을 '국수' 라고 하며 높이 대접했지.

바둑은 아이들보다는 어른들이 즐기는 놀이야. 아이들은 한자리에 진득이 앉아서 하는 바둑보다는 돌을 적게 놓고 승패가 빨리 정해지는 오목을 즐겨 했어. 오목도 재미있기는 하지만 바둑을 두면 좋은 점도 많아. 예의를 잘 지키게 되고, 인내와 끈기도 배울 수 있어. 다 졌구나 싶다가도 상대방이 실수를 하거나 기막힌 수를 생각해 내서 거꾸로 이기는 일도 많지. 그래서 바둑을 두다 보면 마음을 잘 다스리게 돼. 상대를 얕보다가는 금방 바둑을 망치게 되니까 침착하게 생각하고 행동하는 게 절로 몸에 배는 거야.

비사치기

비사치기

돌을 던져서 무엇이든 맞히는 건 꽤나 재미있어. 이것이 점점 놀이로 발전해서 비사치기가 된 거야. 땅 위에 돌을 세워 두고 좀 떨어져서 다른 돌을 던지거나 발로 차서 맞힌다고 해서 이런 이름이 붙었지. 지역에 따라 돌 놀이, 돌치기, 망깨 까기, 비석 치기, 비껴 치기라고도 해.

우리나라는 어디를 가나 돌이 많아. 그래서 옛날부터 마을을 지키는 데 아주 훌륭한 무기가 되기도 했어. 그런데 돌을 무기로 쓰려면 늘 손에 익혀 놓다시피 해야 해. 우리 조상들은 슬기롭게도 돌싸움, 비사치기 같은 돌 던지기 놀이를 널리 퍼뜨려서 늘 위험에 대비했던 거야.

비사치기 놀이는 '망' 이라고 부르는 돌과 넓은 빈터만 있으면 어디서든지 할 수 있어. 너비가 4~5미터쯤 되게 금을 두 개 긋고, 편을 갈라서 누가 먼저 할 것인지 가위바위보로 정해. 진 편이 먼저 금 하나에 돌을 죽 세워 놓으면 이긴 편은 다른 금 너머에서 자기 망을 던져 맞히는 거야. 금을 밟거나 넘어서서 던지면 안 되고, 망이 떨어지거나 상대편 돌을 쓰러뜨리지 못해도 죽었어.

비사치기에는 모두 열두 단계가 있어. 첫 번째는 '던지기' 로 그냥 던지기, 외발로 한 발 뛰어 던지기, 두 발 뛰어 던지기, 세 발 뛰어 던지기가 있어. 두 번째는 '던져 놓기' 야. 상대편 돌 앞에 망을 던져 놓고 외발로 세 번 뛰어가서 망을 집어 올려 돌을 맞히지. 세 번째는 '발등(도둑 발)' 인데, 망을 발등에 얹고 떨어뜨리지 않게 도둑처럼 살금살금 가서 던지는 거지. 네 번째는 '발목'. 망을 두 발목 사이에 끼고 토끼뜀으로 뛰어가서 쓰러뜨리는 것으로 '토끼뜀' 이라고도 해. 다섯 번째는 '무릎치기'. 무릎 사이에 망을 끼고 오줌이 몹시 마려운 듯이 엉기적엉기적 걸어가서 쓰러뜨리는 거야. 여섯 번째는 '가랑이' 인데, 엉덩이 사이에 망을 끼운 채 걸어간다고 해서 '똥꼬' 라고도 해. 일곱 번째는 '배' 야. 배를 쑥 내밀어 그 위에 망을 얹고 가서 쓰러뜨리지. 여덟 번째는

'겨드랑이' 로 겨드랑이에 망을 끼우고 걸어가서 쓰러뜨려. 아홉 번째는 '어깨'. 훈장처럼 어깨 위에 망을 올리고 걸어가서 쓰러뜨리는데, 한 번은 왼쪽 어깨에 올리고 또 한 번은 오른쪽 어깨에 올리기를 번갈아 했어. 열 번째는 목에 망을 끼우고 걸어가는 '목' 이고, 열한 번째는 머리에 망을 이고 가서 쓰러뜨리는 '머리' 야. 마지막 열두 번째는 '장님' 인데, 가장 어려운 단계이기도 해. 먼저 망을 던져 놓고 눈을 감은 채 망을 찾아 던져서 돌을 쓰러뜨리는 거야. 같은 편에 있는 사람이 이 단계를 모두 다 하고 나면 한 사람을 살릴 수 있어. 한편이 모두 죽어서 다시 할 때는 처음부터 시작하지 않고 틀린 단계부터 시작해.

마을마다 차례와 이름이 조금씩 다르지만 거의 비슷비슷해. 단계에 붙은 이름에는 도드라진 몸짓이 잘 드러나 있어서 누구라도 금방 알 수 있지.

우리 마을 아이들은 허구한 날 비사치기를 했어. 마을 한길을 막고 하기 일쑤여서 어른들한테 야단도 많이 맞았지. 그래도 아이들은 땅거미가 지고 주위가 어둑해져 저쪽에 세워 둔 돌이 보이지 않을 때까지 비사치기 놀이에 푹 빠졌어. 그 무렵 가장 큰 바람은 동글납작해서 잘 세워지면서도 몸에서 잘 떨어지지 않는 망을 찾는 것이었지. 그래서 학교 갔다 오는 길에는 냇가 몽돌 밭을 뒤지기도 하고 깨진 기왓장을 찾아 기와집 둘레를 어슬렁거리기도 했어.

사방치기

사방치기

사방치기는 다른 이름으로 '팔방' 이라고도 해. 방을 네 개나 여덟 개 그린다고 해서 이런 이름이 붙었나 봐.

놀이 방법에는 '망 줍기' 와 '망차기' 두 가지가 있어. 망 줍기는 방마다 1부터 8까지 숫자를 써 넣어서 '일이삼사' 라고도 부르지. 땅을 소중히 하고 하늘을 섬겼던 우리 조상들은 일찍부터 망 줍기 놀이를 즐겼어. 서양에도 망 줍기와 비슷한 놀이가 있는데, 우리처럼 맨 위 칸을 하늘이라고 부른대.

망 줍기를 하려면 먼저 망으로 쓸 돌을 구해야 해. 망은 조금 크고 둥근 돌이 좋아. 너무 가벼운 것보다는 무게가 웬만큼 나가는 돌을 골라야 원하는 곳으로 던지기가 쉬워. 망을 고른 다음에는 땅바닥에 방 여덟 칸과 둥근 하늘을 그려. 그리고 방에는 1부터 8까지 숫자를 써 넣는 거야.

이제 가위바위보로 차례를 정하고 놀이를 시작해야지. 자기 차례가 되면 망을 1번 방에 던지고 2번 방에 한 발로 선 다음 몸을 굽혀서 던진 망을 주워. 이때 두 손은 망이 있는 방 안에만 짚을 수 있지. 망을 줍고 나서 3번 방에 한 발로 서고, 나란히 있는 4번 방과 5번 방에는 한 발씩 한꺼번에 디디고 두 발로 설 수 있어. 다시 6번 방에는 한 발, 7번 방과 8번 방에는 한 발씩 디디고 두 발로 섰다가 뒤돌아서 출발점으로 돌아오면 1단계 성공. 이렇게 성공할 때마다 단계가 하나씩 올라가는 거야. 8번 방에 돌을 던져 8단계까지 끝나면 이번에는 망을 하늘로 던져. 그리고 하늘에 가서 망을 발등 위에 올리고 위로 차 올려서는 손으로 받아 돌아오면 돼. 그 다음에 출발점에 뒤돌아서서 망을 뒤로 던지는데, 망이 떨어진 방이 자기 땅이 되는 거야. 자기 땅에서는 마음대로 할 수 있어. 두 발로 서도 되니까 놀이하기가 더 쉬워지겠지. 하지만 다른 아이들은 그 방을 밟지 못하게 되어 속을 태울 수밖에.

망을 던지고 나서 자기 망이 있는 방 안에 발을 디디거나 금을 밟으면 다음 사람한테 차례가 넘어가. 다시 자기 차례가 돌아오면 아까 그만두었던 단계부터 다시 해야 해.

망차기는 방을 여덟 개 그린 다음 1번에서 2번으로, 2번에서 3번으로 한 칸씩 망을 발로 차 옮기면서 출발점으로 돌아오는 놀이야. 1번 방에 망을 던져서 돌아오면 그 다음엔 2번 방에 망을 던지고……. 이렇게 8단계까지 하고 나면 망 줍기처럼 출발점에 뒤돌아서서 망을 뒤로 던져 자기 땅을 만드는 거지. 망을 차다가 잘못해서 다른 방에 넣거나 금을 밟으면 다음 사람이 하게 돼.

망차기 놀이판은 4방에서 8방, 10방, 12방까지 여러 가지가 있어. 거기에 따로 방을 만들거나 규칙을 새로 정하기도 해. 예를 들어 '봉', '차', '들', '방' 은 '봉사가 되기', '망을 차기', '들고 나오기', '방에 들어간 것처럼 두 발로 걸어 나오기' 라는 약속이야.

어릴 적에 망차기를 할 때 즐겨 쓰던 망은 기왓장이었어. '스르륵스르륵' 소리를 내면서 부드럽게 땅 위를 미끄러졌거든. 망 줍기도 망차기도 얼마나 많이 했는지 우리 집 마당에는 늘 망 줍기나 망차기 금이 또렷하게 패어 있었지. 언제든지 마음이 내키면 사방치기를 하면서 놀 수 있게 말이야.

소꿉놀이

소꿉놀이

꽃이 흐드러진 꽃밭 가에 아이들이 둘러앉아 소꿉놀이가 한창이야. 사금파리나 병뚜껑, 조개껍데기, 돌멩이 들로 살림살이를 마련했네.

"내가 엄마 할게. 넌 아이 해."

"싫어. 내가 엄마 할 테야."

"안 돼. 내가 먼저 엄마 한다고 했잖아. 내가 먼저 하고, 다음번에 네가 해."

"치, 알았어. 다음엔 꼭 내가 엄마 하는 거다."

소꿉놀이에서 주인공은 역시 엄마지. 끼어드는 아이들이 많아지면 아버지, 할아버지, 할머니, 언니, 오빠, 동생, 삼촌, 고모까지 식구가 계속 늘어나. 아이들은 흉내를 내면서 어른들 마음도 조금은 알게 되고, 높임말도 배우게 돼.

아이가 배를 문지르면서 엄마 치맛자락을 잡고 칭얼거려.

"엄마, 배고파요. 빨리 밥 주세요."

"조금만 기다려. 얼른 준비할게."

엄마는 흙에 물을 조금 부어 밥을 짓고, 흙을 우려낸 물에 나뭇잎을 섞어 된장찌개를 끓이고, 풀잎을 썰고 모래 깨소금을 뿌려 조물조물 나물도 무치고, 돌절구에 꽃잎을 다져 김치까지 담그지. 이렇게 밥상을 차리면 식구들이 둘러앉아서 나뭇가지 수저로 밥을 먹어.

"여보, 나물은 싱겁고 된장찌개는 너무 짠데?"

"엄마, 고기반찬은 없어?"

"반찬 투정하지 말고 먹어야지."

할머니 말씀에 식구들은 '냠냠' 소리를 내면서 맛있게 먹어.

엄마는 베개를 세워서 등에 업고는 토닥토닥 두드리면서 아기를 재워.

"자장자장 우리 아기, 둥개둥개 잘도 잔다."

"엄마 나도 업어 줘."

"안 돼. 아기 울잖아."

"엄마는 아기만 예뻐해."

소꿉놀이를 하다 보면 아이들 집안 속사정이 훤히 드러나. 부부 싸움을 어떻게 하는지, 아이들을 어떻게 대하는지, 형편이 어려운지……. 아이들은 본 대로 들은 대로 미주알고주알 얘기를 하거든. 그러면서 동무 얼굴이 왜 그렇게 어두운지 알게 되고, 앞으로는 좀 더 잘 대해 주어야지 하고 마음먹게 돼.

"일찍 들어와요 여보. 맛있는 거 많이 해 놓을게요."

인형을 들쳐 업은 동무가 배웅을 하면 나는 거드름을 피우면서 일하러 가는 시늉을 해. 그러면 든든한 가장이 된 듯한 기분이 들었어. 나중에 어른이 되어서 그 애가 내 색시가 되면 좋겠다는 생각도 했지.

그러다 아홉 살 땐가 우리 집이 다른 마을로 이사를 하는 바람에 그 동무와 소식이 끊기고 말았어. 그런데 어른이 된 어느 날 길을 가다가 우연히 서로 마주친 거야. 이제 아줌마와 아저씨가 된 우리는 반가운 마음에 어린아이들처럼 손을 맞잡고 웃음을 터뜨렸어. 어릴 적에 소꿉놀이하던 얘기를 하면서 배꼽을 잡았지. 그때 해 준 소꿉놀이 밥이 맛이 없었다는 둥 놀리면서 말이야.

손뼉치기

손뼉치기

두 사람이 마주 보고 노래를 부르며 손뼉을 마주치는 '손뼉치기'는 처음에 손을 잡고 '쎄쎄쎄' 하면서 시작하지. 그래서 흔히 '쎄쎄쎄 놀이'라고도 하는데, 이 '쎄쎄쎄' 라는 말은 일본말에서 비롯되었다고 해. 그 때문에 일본 놀이가 전해진 게 아닐까 하고 생각하는 사람도 있지만, 사실 손뼉치기는 옛날부터 우리나라에서 즐겨 온 놀이야. '타박네', '꼬댁 각시' 같은 손뼉치기 전래 동요들이 전해 내려오는 것을 보아도 알 수 있잖아.

아침 바람 찬바람에 자기 손뼉 치고 오른손끼리 부딪치기, 자기 손뼉 치고 왼손끼리 부딪치기
울고 가는 저 기러기 우는 시늉하고 손가락으로 먼 데 가리키기
우리 선생님 계신 곳에 팔을 엇걸어 손을 어깨에 얹고 으쓱거리기
엽서 한 장 써 부쳐서 손가락으로 네모꼴 만든 다음 손바닥에 쓰는 시늉하기
구리구리 구리구리 가위바위보 두 손을 감으면서 돌리다가 가위바위보 하기

손뼉치기에 웬만큼 재미가 붙으면 점점 빨라지고 손뼉도 세게 쳐서 웃어야 할지 울어야 할지 모르게 돼. 하지만 손바닥이 벌게지도록 손뼉치기를 해 봐야 비로소 손뼉치기 맛을 알게 되지. 손뼉을 많이 치니 몸에도 좋고, 노래를 부르면서 하니까 기분도 좋아지고, 형제자매나 동무 사이도 더욱 살뜰해져 좋은 놀이가 바로 손뼉치기거든.

푸른 하늘 은하수 하얀 쪽배에
계수나무 한 나무 토끼 한 마리
돛대도 아니 달고 삿대도 없이
가기도 잘도 간다 서쪽 나라로

손뼉치기를 하다 보면 이 '반달' 이라는 노래를 꼭 거치게 돼. 노래를 부르면서 서로 손등을 부딪쳤다 손바닥을 치기도 하고, 한 사람이 위에서 내리치면 다른 사람은 밑에서 받쳐 주어야 하지. 그래서 정신을 바짝 차리고 해야 손이 엉키는 일 없이 제대로 놀이를 할 수 있어.

요즘에는 '신데렐라', '도깨비 나라', '피노키오', '마요네즈', '영심이' 같은 여러 가지 노래에 맞춰서 해. 재미있는 노랫말에 맞추어 손뼉치기를 하고 진 사람한테 주는 벌칙도 있어서 더 즐겁게 놀이를 하게 되는 것 같아. 예전에는 여자아이들이 많이 했는데, 요즘은 남녀 구분 없이 다 함께 하지.

'팽이' 라는 노래로 손뼉치기하는 것을 봤는데, 노랫말도 좋고 동작이 여러 가지로 바뀌니까 꽤나 재미가 있더라.

채를 감아 돌리면 꼿꼿하게 서서
뱅글뱅글 뱅글뱅글 잘도 도는 팽이
팽이하고 나하고 한나절을 놀고
팽이 따라 뱅글뱅글 나도 돌며 놀고

실뜨기

실뜨기

여자아이들은 바느질을 배우기 전에 실뜨기를 하면서 실과 친해질 수 있었어. 남자아이들도 날씨가 궂어 바깥에서 놀지 못하는 날이면 바느질하는 엄마 옆에 앉아서 실뜨기를 했지. 실뜨기에 재미가 붙은 아이는 실뜨기에 맞춤한 실을 가지고 다니다가 아무 때, 아무 곳에서나 꺼내어 들고 실뜨기할 준비를 했어.

우리나라 전래 실뜨기는 둘이서 하는 놀이지만 다른 나라 실뜨기는 혼자서 하는 것이 많아. 남북 아메리카와 아프리카, 오스트레일리아, 폴리네시아 원주민들이 많이 했는데, 신화나 종교에 관련된 인물이나 사건을 실뜨기로 나타낸대. 이 지역에서 이어져 내려오는 실뜨기 가짓수만 해도 수천 가지가 넘는다지 뭐야.

실뜨기를 하려면 뭐가 필요하냐고? 두 팔을 크게 벌린 길이보다 조금 길게 자른 실만 있으면 돼.

먼저 실 양 끝을 단단히 묶어서 두 손에 건 다음, 두 사람이 번갈아서 실을 걸어 내리거나 걸어 올려 뜨는 거야. 한꺼번에 실을 두 번 걸어도 안 되고 실을 뜨다가 손가락을 잘못 걸어서 실이 풀어지거나 엉키면 지게 돼.

실뜨기로 여러 가지 꼴을 만들어 낼 수 있어. '날틀'에서는 '쟁반', '젓가락', '베틀', '방석', '가위 줄'로 바꿀 수 있지. 또 '물고기'나 '톱질 뜨기'도 있어. 혼자서 하는 실뜨기에는 '사다리'와 '민들레 씨앗' 만들기가 있고. 요즘에도 실뜨기를 많이 하고 있어서 새로운 실뜨기 꼴이 자꾸 생겨나고 있어.

실뜨기는 역시 혼자보다는 둘이서 하는 게 더 재미있어. 눈만 마주쳐도 다투는 형제자매나 사이가 데면데면한 동무라도, 실뜨기를 하다 보면 절로 웃음이 나오고 사이가 좋아져. 부모님과 실뜨기를 하면서 묻어 둔 이야기를 함께 나누면 서로 더 가깝게 느껴지지.

처음 실뜨기를 했을 때가 떠오르네. 아마 초등학교 2, 3학년 때일 거야. 하루는 마당에 혼자 앉아서 하늘을 지나가는 구름을 멍하니 바라보고 있었어. 엄마가 그 모습을 보고는 이리 오라고 부르시데. 그래서 갔더니 기다란 무명실을 묶으면서 실뜨기를 하자는 거야. 엄마가 시키는 대로 요리조리 실뜨기를 할 때마다 나오는 꼴이 하나같이 신기했지. 마지막으로 '톱질 뜨기' 를 만들고는 두 손에 걸린 실을 엇갈리게 당겼다 밀었다 하니까, 진짜로 톱질을 하는 것 같았어. 그러면 엄마는 실을 이리저리 당기면서 "가롱시롱 비행기 날자."고 했어. 엄마는 외할머니한테 실뜨기를 배웠다고 했지. 그 말을 들은 다음부터는 실뜨기를 할 때마다 외할머니 냄새가 나는 듯했어.

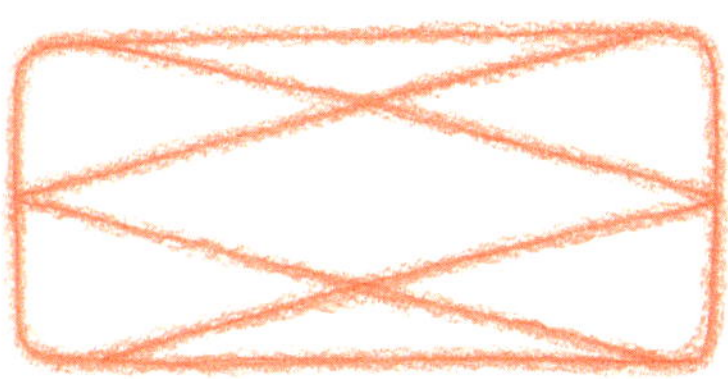

날틀

쟁반

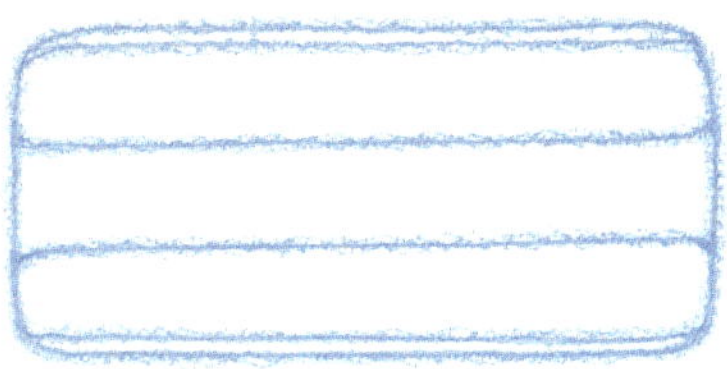

젓가락

방석

여러 가지 실뜨기 꼴

윷놀이

윷놀이

설이나 대보름, 한가위 같은 명절이 오면 동네 곳곳에서 윷놀이 판이 벌어졌어. 마당이나 방 안이나 가리지 않고 어디서든 여럿이 어울려 한바탕 윷놀이를 하고 나면 사람들 사이에 정이 더 깊어졌지.

윷놀이는 편을 갈라 윷가락 네 개를 던지고 그 결과에 따라 말판에 말을 움직이면서 겨루는 놀이야. 신석기 시대에 농사를 짓기 시작하면서 별을 보고 점을 치는 점성술이 발달했는데, 윷놀이는 이 점성술에서 비롯되었다고 해. 또 윷가락이 엎어지거나 젖혀진 상태를 이르는 말은 동물 이름에서 따왔다고 하지. '도' 는 돼지, '개' 는 개, '걸' 은 양, '윷' 은 소, '모' 는 말을 뜻하는 거래. 고조선과 부여의 벼슬 이름인 저가, 구가, 우가, 마가를 본떠서 만들었다는 말도 있고. 이런 것을 보면, 우리 민족이 꽤 오래 전부터 윷놀이를 즐겨 왔다는 것을 알 수 있지. 인도와 북아메리카 인디언도 우리나라 윷놀이와 비슷한 놀이를 즐겨 한대.

윷놀이를 하려면 윷가락과 윷판, 말판, 말이 있어야 해. 윷가락은 흔히 밤나무로 만들어. 나무껍질이 까매서 엎어지고 젖혀지는 걸 또렷하게 구분할 수 있거든. 윷판은 던져 올린 윷가락을 받는 깔개야. 윷가락이 잘 구르게 하려면 너무 푹신한 깔개는 쓰지 않는 게 좋아. 말판은 네모꼴이나 동그라미 꼴로 그리는데, 검은 점을 스무 개나 스물아홉 개 그려서 말이 가는 밭을 나타내. 말판은 우주와 자연의 이치를 나타낸다고 해. 말이 지나가는 밭은 별자리, 그러니까 북두칠성을 뜻한대. 말은 흔히 나무쪽이나 사금파리를 쓰지. 상대편과 구분하기 쉬운 것으로 한 편에 네 개씩 가지면 돼.

지역에 따라 윷판이나 말판을 쓰지 않기도 했어. 경남에서는 '벌윷' 이라 하여 윷판 없이 맨땅에다 윷을 던지며 놀았고, 경북 안동에서는 말판 없이 하는 '경궁 윷말' 을 했어. 또 평안도와 함경도 지방에서는 윷판과 말을 쓰지 않고 '산윷' 이라는 놀이를 했대.

윷가락과 말판, 말이 준비되면 윷판을 깔아. 윷판에다 윷가락을 던지면 다섯 가지 경우가 나와. 넷 중 하나가 젖혀지면 '도' 야. 자기 말이 한 밭을 갈 수 있어. 두 개가 젖혀지면 '개' 로 두 밭, 셋이 젖혀지면 '걸' 로 세 밭, 넷이 모두 젖혀지면 '윷' 으로 네 밭, 윷가락 네 개가 모두 엎어지면 '모' 로 다섯 밭을 가는 거야.

'윷' 이나 '모' 가 나오면 한 번 더 던질 수 있으니까 '윷' 과 '모' 가 나오기를 바라는 마음으로 "윷이야!", "모야!" 소리치면서 윷가락을 던져. 처음 던질 때 상대편에 '모' 가 나오면 "첫 모가 방정이지." 하면서 약을 올리고, 자기편에 '도' 가 나오면 "첫 도가 복이 있는 거야." 하면서 위로를 해. 또 상대편 말이 한 밭 앞서 있을 때는 "도야!" 하고 소리치면서 윷을 던지는 거야. 그러면 상대는 '도' 가 나와서 자기 말이 잡힐까 봐 마음을 졸이지.

자기편 말을 말판에 놓는 것을 '말을 단다' 고 하고, 달아 놓은 말이 앞으로 나아가는 것을 '말이 간다' 고 해. 자기편 말 두 개를 함께 업고 가면 '두동무니', 세 개는 '석동무니', 네 개는 '넉동무니' 라고 해. 한꺼번에 가면 좋을 것 같지만 상대한테 잡히면 모두 처음으로 돌아가야 하니까 오히려 손해를 볼 수도 있어.

말 네 개가 모두 상대편 말보다 먼저 출발점으로 돌아오면 이기는데, 말을 어떻게 쓰느냐에 따라 이기고 짐이 갈리기 때문에 작전을 잘 짜야 돼. 서로 잡고 잡히고 하면서 자기네 말이 먼저 가게 하려는 바람에 윷놀이 판은 늘 술렁거렸지. 이렇게 누구나 함께 어울려 노는 놀이라서 같이 힘을 합해서 정정당당하게 겨루는 태도를 배울 수 있어.

장기

장기

장기는 두 사람이 장기판 위에 장기짝을 각각 열여섯 개씩 두고 움직여서 겨루는 놀이야. 장기짝을 놓는 자리와 움직일 수 있는 방향이 정해져 있어서 길을 모르면 둘 수가 없어. 정해진 규칙에 따라 장기짝을 옮기면서 상대방 장기짝을 꼼짝 못하게 하는 방법을 많이 알면 장기를 잘 두는 고수가 될 수 있지.

장기짝은 붉은색 한나라 편과 푸른색 초나라 편으로 나뉘어 있어. 우두머리인 '한'과 '초'가 있고, 장수인 '차', '포', '마', '상'이 두 개씩 있어. 한나라의 '병'과 초나라의 '졸'은 이름 그대로 병졸이야. 또 우두머리가 있는 궁밭을 돌며 우두머리를 지키는 '사'도 있지.

'한'과 '초'는 궁밭 중심에 자리를 잡아. 그 옆에 호위병인 '사'를 각각 둘씩 두지. '한', '초', '사'는 궁밭 안에서만 한 칸씩 움직일 수 있어.

'차'는 양쪽 끝에 놓고, 그 옆에 '마'와 '상'을 차례로 놓는 거야. '차'는 줄 따라 곧바로 달려가서 적군을 잡을 수 있어. 그래서 '차'를 움직일 때는 잡히지 않도록 신경을 쓰지. '마'는 한 번에 줄 따라 한 칸, 대각선으로 한 칸 가고 '상'은 줄 따라 한 칸, 대각선으로 두 칸을 가. '마'와 '상' 모두 가는 길에 어느 편이든 다른 장기짝이 있으면 못 움직여.

'포'는 '마'보다 두 칸 앞에 놓아. '포'도 '차'처럼 곧바로 달려가지만, 아군이든 적군이든 말 하나가 바로 앞에 있어 그걸 건너뛰어야만 나아갈 수 있어. 또 '포'끼리는 건너뛸 수도 잡을 수도 없지.

'포' 앞줄에는 '병'이나 '졸'을 다섯 개씩 벌려 놓아. 다른 장기짝은 앞뒤나 옆 어디든지 갈 수 있지만, '병'과 '졸'은 나아갈 수만 있고 물러나지는 못해. 앞이나 옆으로 한 칸씩 움직일 수 있지.

장기짝을 다 놓았으면 이제 전투 준비 끝!

둘 가운데 더 잘 두는 사람이 붉은색 장기짝을 집어. 서로 잡고 물리고 하면서 장기를 두다가 상대편 우두머리를 잡을 수 있는 자리에 장기짝을 놓게 되면 "장이요!" 하고 소리쳐. 우두머리가 잡힐 처지에 놓인 사람은 깜짝 놀라서 한 수만 물러 달라고 사정하기도 해. 피하지 못하고 잡히면 판이 끝나버리거든. 만약에 잘 피하면 "멍이요!" 하고 외치지.

장기를 두는 수는 헤아릴 수 없이 많고 여러 장기짝을 이리저리 움직이는 것이 마치 전쟁을 지휘하는 것 같아서 장기 잘 두는 고수들은 신분에 관계없이 대접을 받았어. 농사꾼도 왕족과 맞상대할 수 있었고, 집에서 부리던 종이라도 실력이 좋다면 주인과 마주 앉아 장기를 둘 수 있었지. 그래서 뛰어난 장기 실력으로 신분을 극복하고 출세했다는 이야기가 많은 거야.

장기는 어린아이부터 할아버지까지, 언제 어디서든지 모두 즐기면서 지혜를 기를 수 있는 놀이야. 여름이면 시원한 느티나무 아래에서, 겨울에는 따뜻한 사랑방에서 장군, 멍군 부르는 소리가 끊이지 않았어. 흰 수염이 성성한 할아버지와 코흘리개 꼬마가 장기판을 사이에 두고 겨루는 모습도 심심찮게 볼 수 있었지. 둘러선 구경꾼이 저마다 훈수를 두면서 옥신각신하는 것도 또 다른 재미야.

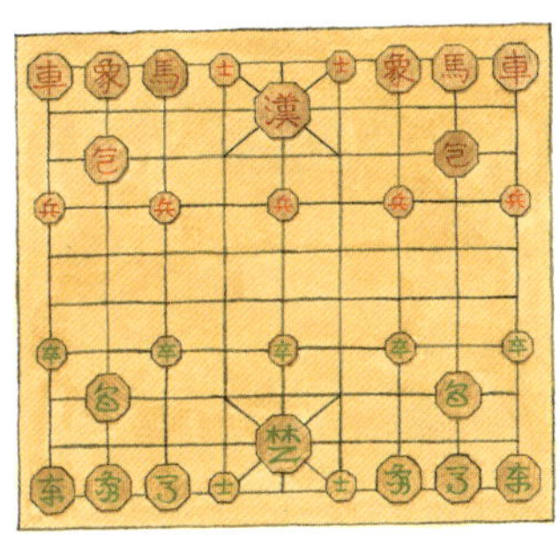

제기차기

제기차기

제기차기는 제기를 떨어뜨리지 않고 차면서 노는 놀이야. 우리 겨레가 오래전부터 즐겨 온 놀이인데, 삼국 시대 공차기인 '축국' 에서 생겨났다고도 하고 풀뿌리를 차고 놀던 데서 비롯된 것이라고도 해.

제기를 차는 방법은 여러 가지야. 한 발로 제기를 한 번 차고 그 발을 땅에 대었다가 다시 차는 '맨제기', 차는 발이 땅에 닿지 않는 '헐랭이', 두 발로 번갈아 가면서 차는 '두발제기' 가 있어. 또 제기를 가지고 노는 방법도 가지가지야. 혼자 여러 가지 재주를 부리면서 놀기도 하고, 둘이서 내기를 하여 '종드리기' 를 하기도 했어. 내기에서 진 사람이 종이 되어 이긴 사람한테 제기를 던지면 이긴 사람이 그 제기를 차는 거야. 종이 던진 제기가 마음에 들지 않으면 손으로 제기를 받아서 딴 데로 던져 애를 먹일 수도 있어. 종이 던진 제기를 이긴 사람이 못 차거나, 이긴 사람이 찬 제기를 종이 손으로 잡으면 차례가 바뀌는 거야.

여럿이 놀 때는 '동네 제기' 를 차. 둥글게 서서 옆 사람한테 제기를 차 넘겨주는 놀이야. 한 사람이 한 번 찰 때마다 도시 이름이나 동물 이름을 하나씩 외치기도 해. 혼자 여러 번 차고 다음 사람한테 넘겨줄 수도 있고, 세모꼴이나 네모꼴로 서서 차례대로 차기도 해. 자기 차례에 제기를 못 차서 죽으면 종이 되어 종드리기를 하는데, 한번 종이 되면 벗어나기 어려우니까 조심해야 해. 짓궂은 형들은 일부러 못하는 아이를 꾀어내서 내내 종을 시켰다가 끝끝내 울리고 말았지.

초등학교 1학년이던 어느 겨울날이었어. 밖에 나갔는데 마을 골목길에 아이들이 모여서 놀고 있는 거야. 가만 보니 빙 둘러선 구경꾼이 더 많잖아. 모두들 하하 호호, 벌린 입을 다물지 못하는데 꽤 재미가 있나 봐. 도대체 무슨 놀이기에 하는 사람이나 보는 사람이나 모두 즐거워할까? 가까이 가서 보니 바로 제기차기였어. 제기가 땅에 떨어질락 말락 할 때마다 가슴을 졸이면서도 제기를 놓치지 않으려고 되똥되똥 뛰는 모습에 웃음을 참을 수가 없었지.

집에 돌아오자마자 큰형한테 제기를 만들어 달라고 졸라 댔어. 형은 한지를 여러 겹으로 접고는 한쪽 끝을 엽전 구멍에 꿰었어. 한지가 없으면 짐승 털이나 헝겊, 비닐을 쓰기도 해. 엽전 대신 병뚜껑 안쪽에 한지를 놓고 동전을 넣어 꼭 끼울 수도 있지. 형은 꿰어 낸 한지를 세로로 가늘게 찢은 다음 알록달록 칠을 해서 손으로 한 올 한 올 비볐어. 금세 골목에서 본 것보다 더 멋진 제기가 되었네!

형이 제기를 만들어 준 다음부터는 틈만 나면 제기를 찼어. 제기차기에 정신이 팔려서는 숙제고 공부고 뒷전이었어. 그러다가 기어이 화가 닥치고 말았지. 어느 날 형이 제기를 빼앗아 아궁이에 던져 버린 거야. 너무 분해서 마당을 데굴데굴 구르며 악다구니를 써 댔는데 마침 아버지가 그걸 보고는 냅다 형을 혼내셨어. 아이코, 이를 어째! 형한테 혼날 것이 무서워서 벌벌 떨다가 잠을 다 설쳤지.

다음날 아침, 짐짓 자는 체 누워 있는 내 머리맡에 형이 뭔가 슬쩍 놓아두고 나가는 거야. 그건 어제 아궁이에 들어간 것보다 술이 훨씬 많고 빛깔도 멋진 제기였어. 마을 아이들 가운데 제기차기 으뜸이 된 내 발 위에서 하늘 높이 치솟아 놀던 제기가 바로 그 제기야.

투호

투호

투호는 항아리에 화살을 던져 넣는 놀이야. 본래 중국 놀이인데, 우리나라에 일찍 전해져서 백제나 고구려에서도 이 놀이를 즐겨 했다는 기록이 있어. 조선 시대에는 궁궐 잔치 때에 흔히 즐겼대. 실록을 보면 '정월에는 으레 대조전 육간대청에서 연중행사같이 왕비를 모시고 투호 항아리를 둘러싸고 함성을 올리며 놀았다 한다.' 라는 말이 있어. 또 퇴계 이황은 글을 배우러 오는 사람한테 투호를 시켜 보았다고 해. 학문을 하는 사람은 모름지기 몸이 건강해야 한다는 뜻이겠지만, 그만큼 투호가 사랑받는 놀이였다는 것도 알 수 있지. 요즘은 어린아이나 여자들이 많이 하지만, 조선 시대에는 훈련원이라는 군대에서 큰 행사로 열리기도 한 것을 보면 남자 어른들도 했다는 걸 알 수 있어.

역사가 아주 오랜 놀이지만, 놀이 방법은 조선 시대 것만 전해지고 있어. 투호를 하려면 항아리와 화살이 필요해. 일반 백성들은 사기 항아리를 쓰고 궁궐에서는 청동 항아리를 썼어. 항아리에 던져 넣는 화살로는 진짜 화살을 쓰기도 했지만, 흔히 뽕나무 가지를 화살 길이만 하게 다듬어 썼어. 조선 시대에 박태보가 쓴《투호의례》를 보면, 항아리는 허리 높이 다섯 치, 목 길이 일곱 치, 주둥이 지름은 다섯 치 반이고 안에는 팥을 채운다고 되어 있어. 한 치는 3센티미터쯤이야.

놀이 방법은 간단해. 항아리를 놓고 화살 길이보다 두 배 반쯤 떨어진 곳에 서서 화살을 네 개 던져 더 많이 넣는 쪽이 이기는 거야.

놀이하는 때가 특별히 정해진 것은 아니라서 한 해 내내 아무 때에나 하지만, 몸을 많이 움직이지 않아서 더운 여름날에도 할 수 있어. 여름에는 조금만 움직여도 금세 땀이 나서 아무리 신나는 놀이라도 하기 싫어지잖아. 하지만 투호는 시원한 나무 그늘에서 땀 흘리지 않고 즐길 수 있지.

아이들은 투호와 비슷한 풀 던지기 놀이도 많이 했어. 여름날 소를 몰고 산으로 들로 나가면 온 데가 다 풀이야. 그 가운데서도 알이 밴 억새 줄기는 쏙쏙 잘 빠질 뿐만 아니라 던지면 곧게 날아가서 풀 던지기 놀이를 하기에 딱 좋았지.

풀 던지기를 하려면 먼저 덩굴풀을 엮어서 바구니를 만들어야 해. 아이들은 억새 줄기를 뽑으면서 덩굴풀도 한 줌씩 뜯어 모았지. 썩 보기 좋은 바구니를 금방 만들었어. 이 바구니 안에다 풀을 던져 넣는 거야.

하지만 그냥 던지기만 해서는 곧 싫증이 나기 마련이지. 그래서 으레 집에 가져가려고 베어 놓은 풀 따먹기를 해. 처음에는 심심풀이로 시작하지만 서로 이기려고 애쓰면서 온 정신이 팔리지. 그러다가 끌고 온 소를 잃어버리고 난리를 피우는 아이가 한두 명은 꼭 있어.

투호든 풀 던지기든 한 번에 화살이나 풀을 한 개씩 던져야 해. 하나 둘 침착하게 던지다 보면 어떻게 해야 잘 들어가는지 스스로 깨닫게 되지. 투호나 풀 던지기 모두 쉬운 듯하면서 어려운 놀이라서 더 재미있나 봐.

너른 마당에서 여럿이 하는 놀이

가마타기
강강술래
그네뛰기
그림자밟기
까막잡기
꼬리잡기
닭싸움
말뚝박기
숨바꼭질
씨름
엿치기
자치기
줄다리기
줄타기
칼싸움
팽이치기
활쏘기

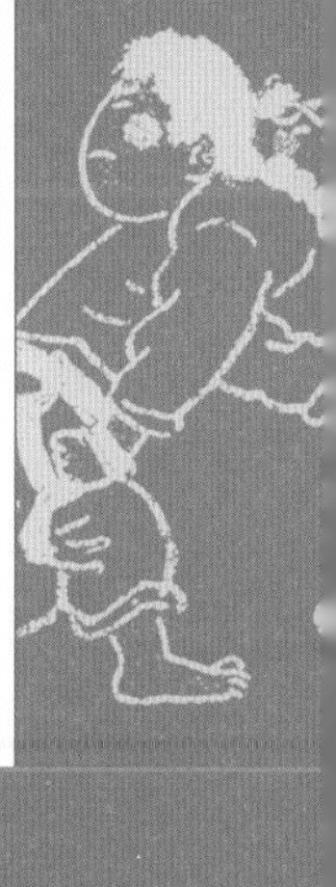

가마타기

가마타기

가마는 옛날에 임금이나 신분 높은 양반이 타고 다니던 탈것이야. 가난한 백성들은 가마 타는 일은 엄두도 못 냈지. 가마는 양반을 상징하는 것이라고 여겨서 여느 백성이 가마를 타는 것은 나라에서도 금지했고, 고을 양반들도 아무나 가마를 타는 것을 싫어했어. 그래서 일반 백성이 가마를 탔다가는 관가에 잡혀가서 매타작을 당했지. 분수도 모르고 미풍양속을 해친다고 말이야.

하지만 백성들도 일생에 딱 한 번 가마를 탈 수 있는 때가 있었어. 혼례를 올리고 나서 신랑이 신부를 자기 집으로 데려갈 때였지. 이렇듯 가마를 타기가 하늘의 별 따기만큼 어렵다 보니 아이들은 가마 한 번 타 보는 게 소원이었어. 가마타기는 아이들이 가마 타는 기분을 내려고 만들어 낸 놀이야.

가마타기를 하려면 적어도 세 사람은 있어야 해. 다들 가마에 타려고 하니까 가위바위보를 해서 진 사람 둘이 가마가 되는 거야. 가마 만들기는 어렵지 않아. 둘이 마주 보고 서서 오른손으로 자기 왼쪽 팔오금을 잡고, 왼손으로 마주 선 사람 오른쪽 팔오금을 잡아. 위에서 보면 우물 정(井) 자 꼴이 되겠지? 이렇게 손으로 가마를 만든다고 해서 가마타기 놀이를 '손가마' 라고도 해. 가마를 만든 아이 둘이 쪼그려 앉으면 이긴 아이는 둘이 엮은 팔 사이로 다리를 넣고 걸터앉아. 그러면 가마꾼 둘은 천천히 일어나 가마 탄 아이가 시키는 대로 움직이는 거야.

가마를 타면 누구나 입이 배시시 벌어지기 마련이지. 가마에 올라타니까 기분은 좋은데 가마가 된 동무한테 미안해서 그런 묘한 웃음이 비어져 나오는 거야. 열 살 남짓 되면 아이들은 방에서나 마당에서 가마타기 놀이를 했어. 모두들 어떻게든지 가마를 타고 싶어서 가위바위보를 할 때 손을 비틀어도 보고 손바닥에 침도 뱉어 가면서 이기려고 애를 썼어.

잔디가 곱게 깔린 무덤가는 가마타기 놀이를 하기에 그만이었어. 고만고만한 아이들 몇몇이 모여서 판판하고 잔디가 좋은 남향 무덤가를 골라 가마타기 놀이를 했지. 멀찍이 나무 작대기를 세워 놓고 가마 타고 먼저 뽑아 오기 내기도 하고, 편을 갈라 가마 탄 사람끼리 떨어뜨리기 시합을 하고……. 그러다 보면 잔디밭에 우르르 나뒹굴고 엎어지고, 그런 난리가 없어. 그래도 잔디밭이라서 크게 다치지는 않았지. 옷이고 머리고 입이고 잔디 잎으로 뒤범벅이 되지만 집에 가서 꾸중 들을 걱정을 하는 아이는 없었어.

해거름이 넘어 옷이 찢기고 얼굴에 할퀸 자국이 뚜렷하게 난 채 집으로 가면 할머니는 혀를 끌끌 차면서 말씀하셨어.

"엉덩이에 뿔날 놈들이 얌전한 놀이를 험하게 해서 이 도령보다 잘생긴 우리 손자 얼굴에 흉을 만들어 놨네."

행여나 손자한테 해가 갈까 봐 하루에도 열두 번 '하지 마라', '가지 마라' 를 입에 달고 사시는 할머니는 웬일인지 가마타기 놀이만큼은 말리지 않으셨어. 이제 와 생각해 보면, 할머니는 가마타기를 하고 노는 손자를 보면서 연지 곤지 찍고 시집오던 날을 떠올리셨을 것 같기도 해. 요즘도 잔디가 고운 무덤을 지나갈 때면 가마타기 놀이를 하던 때가 생각나. 맨발로 마당에 뛰어나와 꼬옥 껴안아 주시며 머리에 묻은 티를 떼어 내 주시던 할머니도 그립고.

강강술래

강강술래

우리 겨레는 옛날부터 여럿이 모여 춤추고 노는 것을 좋아했어. 강강술래도 그런 놀이 가운데 하나지. 특히 남해안 지방에서 많이 했는데 여자아이들뿐만 아니라 여자 어른들도 즐겨 했다고 해. 한가위나 대보름날 달 밝은 밤이면 한복을 곱게 차려입은 여인들이 손에 손을 잡고 동그라미를 만들고는 노래를 부르며 춤을 추었어. 목청 좋은 사람이 먼저 노래를 부르면 나머지 사람들은 그 노래를 받아 '강강술래' 하고 부르는 거야. 이렇게 노래 부르는 것을 두고 '메기고 받는다' 라고 하지.

솔밭에는 솔잎도 총총 강강수월래
대밭에는 대잎도 총총 강강수월래
하늘에는 별도 총총 강강수월래
시내 강변 자갈도 총총 강강수월래

처음에는 손을 잡고 크게 동그라미를 만들어 천천히 돌면서 시작해. 그러다 박자가 점점 빨라지면 거의 뛰다시피 돌면서 달팽이 껍질처럼 안쪽으로 감았다 풀었다 하지. 그러다 다시 큰 동그라미를 만들거나 한 줄에서 두 줄로 바꾸는 거야.

여럿이 손을 잡고 동그라미를 만들며 뛰다 보면 자연히 사람들 사이가 좋아지고 협동심을 키울 수 있어. 또 노래에 맞추어 춤을 추면 기분도 상쾌해지지.

하지만 단순히 놀기만 하려고 사람들이 강강술래를 했던 건 아니야. 또 다른 이야기와 목적이 담긴 강강술래 노래도 있어. 그건 바로 예전에 왜구가 자주 쳐들어와 사람들을 못살게 군 진도, 흑산도, 무안, 완도, 영광, 목포 지방 사람들이 많이 부르던 강강술래 노래야. 외적이 방해를 받지 않고 쳐들어오기에는 바다가 유리하기 때문에 거의가 바닷가 지방이지. 이 노래는 점차 다른 지방까지 퍼져 나가 불렸다고 해.

떨쳐 보세 떨쳐 보세 우국충절 떨쳐 보세

강강수월래 강강수월래

호미 들면 농군이요 총을 메면 수군일세

강강수월래 강강수월래

국태민안 시화연풍 천세만세 누려 보세

강강수월래 강강수월래

사실 '강강수월래' 라는 말은 '적이 물을 건너 온다' 는 뜻이래. 조선 선조 때 전라좌도 수군절도사로 임명된 이순신 장군은 왜군이 쳐들어올 것을 미리 알고 병사들한테 바닷가를 지킬 때 이 노래를 부르면서 마음을 다잡으라고 명령했어. 그런데 이 노래가 퍼져 어느새 부녀자들까지 이 노래를 부르고 같이 경계를 하게 된 거야. 바닷가 언덕에 올라 불을 피워 놓고 '강강수월래' 를 부르고 춤을 추면서 왜군이 쳐들어올 것이니 조심하라고 군사들과 백성들을 일깨웠다고 해. 결국 강강술래는 단순한 놀이가 아니라 왜군을 물리치고 나라를 지켜 내겠다는 애국심의 표현인 셈이지. 이순신 장군도 그처럼 강렬한 백성들 의지와 기세에 힘입어 왜군을 거뜬히 물리칠 수 있었을 거야.

그네뛰기

그네뛰기

예전에 초등학교에 들어가는 아이들이 가장 해 보고 싶다고 꼽던 놀이가 바로 그네뛰기였어. 그때는 동네에 놀이터가 없어서 학교에 가야만 그네를 탈 수 있었거든. 높이 차고 오를 때 땅은 쑥 내려앉으면서 하늘이 성큼 다가오는 기분은 말로 다 할 수가 없어. 아이들은 자기 차례가 올 때까지 꾹꾹 참고 한참을 기다렸다가 기어이 그네를 타고 나서야 집으로 돌아갔지.

처음에는 앉아서 그네를 타다가 좀 자신이 붙으면 서서 그네를 뛰어. 누가 더 높이 올라가나 동무와 내기를 하기도 하고 빙그르르 돌기 같은 재주를 부리기도 했어. 어떤 땐 너무 높이 올라가서 발이 공중에 뜬 듯한 느낌이 들기도 해. 그럴 때면 교실에 들어가서 자리에 앉아 있어도 몸이 붕 뜬 것 같고 가슴이 콩닥콩닥 뛰지.

혼자 뛰는 외그네도 재미있지만, 그네 하나에 두 사람이 같이 올라 마주보며 뛰는 쌍그네는 더 신명이 나지. 쌍그네를 잘 뛰는 단짝 동무들은 한번 오르면 시간 가는 줄도 모르고 그네를 굴렀어. 밑에서는 부러움 반, 시새움 반으로 쳐다보았지.

어른이 되고 나서 남원에 갔다가 춘향이가 뛰었다는 그네를 뛰어 볼 기회가 있었어. 그런데 어릴 때 학교에서 뛰던 그네하고는 전혀 딴판인 거야. 타 볼 엄두가 안 날 만큼 엄청나게 큰 그네였지. 용기를 내어 발판에 올라섰는데, 고개를 들어 그넷줄 위쪽 끝을 보니 가물가물했어. 줄이 이렇게 길다 보니 중심을 잡고 서서 그네를 구르기도 만만치가 않았어. 겨우 몇 번 굴렀는데도 무척 힘이 들고. 그런데 어느 정도 굴러서 높이 솟구쳤을 때가 더 문제였어. 점점 발아래가 아득하게 보이면서 앞으로 튕겨 나갈 것만 같은 거야. 결국 그네가 멈출 때까지 그대로 기다렸다가 내려와서는 후들거리는 다리를 잡고 주저앉았지.

우리 조상들이 본래 즐기던 그네가 바로 이렇게 긴 줄을 맨 그네라니 대단하지 않아? 그넷줄 길이가 4~5미터로 어른 키 두 곱절이 넘는대. 그러니까 그네를 높이 차서 위로 올라갈 때는 달나라로 날아가는 듯하고, 내려올 때는 하늘에서 구름과 놀다가 내려오는 기분이 들지.

그네뛰기는 원래 북방 사람들이 몸을 튼튼하게 하려고 시작했다는데, 우리 겨레도 고구려에서 단오 때 그네를 뛰었다는 기록이 전해 오고 있어. 고려에서는 일부 상류층에서만 즐기다가 조선 시대에 들어오면서부터 일반 백성들한테까지 널리 퍼지게 되었대.

단오 무렵이면 어른들은 도시, 농촌 할 것 없이 동네 어귀 큰 나무 가장 튼튼한 나뭇가지에 그넷줄을 맸어. 마땅한 나무가 없으면 기둥을 두 개 세우고 가로질러 댄 나무에 줄을 맸지. 그넷줄은 볏짚이나 삼으로 만든 동아줄을 많이 쓰고, 오색 천을 꼬아서 드리기도 했어.

단옷날에는 그네뛰기 대회가 크게 열렸대. 조선 성종실록을 보면, 단옷날 서울 종로 뒷골목에 그네 터를 만들었는데 부녀자들이 구름같이 모였다고 전하고 있어. 보통 때에는 문밖 나들이를 못하던 부녀자들이 단옷날만큼은 마음 놓고 나와서 그네를 뛰었던 거야.

그네뛰기를 구경할 때는 움직이는 그네 둘레를 돌아다니지 말아야 해. 잘못하면 그네에 받혀 크게 다칠 수도 있으니까 말이야.

그림자 밟기

그림자밟기

달빛이 밝은 밤에는 괜스레 마음이 들뜨나 봐. 약속하지 않아도 달빛에 끌려서 아이들이 하나 둘 넓은 빈터로 모여들어. 달빛에 비친 그림자가 아이들 움직임에 따라 커졌다 작아졌다 하면서 이리저리 옮겨 다니고 있어. 저 그림자로 재미있는 놀이를 할 수 없을까?

"내 그림자가 더 크네?"

"이거 왜 이래, 잘 봐. 내 그림자가 더 크다고!"

아이들은 서로 더 큰 그림자를 만들려고 까치발을 하면서 실랑이를 하기도 하고, 우스꽝스러운 몸짓으로 별난 그림자를 만들면서 키득거리기도 해. 그러다 결국은 서로 그림자를 밟기 시작하지. 누군가 그림자를 밟을라치면 못 밟게 하려고 도망 다니느라 빈터는 떠들썩해져.

그림자밟기는 말 그대로 그림자를 밟으면서 하는 놀이야. 먼저 가위바위보를 해서 술래를 정해. 술래는 하나부터 약속한 숫자까지 세거나, '무궁화 꽃이 피었습니다' 를 열 번 소리치지. 그 사이 다른 아이들은 멀찌감치 달아나고. 술래가 숫자를 다 세고 잡으러 쫓아오면 그림자가 밟히지 않게 도망가야 해. 여기저기서 어디 한번 잡아 보라고 놀려 대면 술래는 약이 올라 더 기를 쓰고 쫓아다니지. 그러다가 술래한테 그림자를 밟힌 사람이 다음 술래가 되는 거야. 그림자를 밟히지 않고 잘 도망 다니려면 그림자가 생기는 자연 원리를 이해해야 해.

그림자밟기를 할 때 다 같이 재미있게 놀려면 한 차례씩 돌아가면서 술래가 되는 게 좋아. 술래가 한 사람만 쫓아다니면 쫓기는 사람이 힘들고, 한 사람이 술래를 너무 오래 하면 마음이 상할 수 있거든. 또 놀이하는 터가 너무 넓으면 술래가 골탕을 먹으니까 어디까지 갈 수 있는지 테두리를 알맞게 정해야 해. 언제든지 처지가 바뀔 수 있으니까 술래를 너무 놀리지는 말아야지.

어릴 적에 그림자밟기를 하다가 크게 마음이 상한 적이 있어. 친한 동무가 술래였는데 나더러 키가 작아서 그림자가 잘 밟히지 않는다고 놀려 대는 거야. 그 동무는 다른 일로 나한테 마음이 꼬여 있었나 봐. 아무튼 난 그런 줄도 모르고 화가 나서 씩씩거렸지. 그랬더니 다른 아이들도 한편이 되어서 날 놀려 대잖아. 어찌나 분하고 억울하던지 결국은 참지 못하고 그 동무와 크게 싸웠지. 그러고 난 뒤 단짝이었던 우리 둘은 길에서 마주쳐도 서로 본체만체했어. 시간이 한참 지난 뒤에 마음이 다 풀려서 그 동무와 다시 친하게 지내고 싶었지만, 마음만 굴뚝같고 선뜻 용기가 나지 않았어. 동무도 나와 같은 마음이었는지, 이따금 담 너머로 우리 집을 들여다보고는 하더라. 그런데 그 모습을 보면서도 동무한테 말을 건네기가 어려웠어. 그렇게 망설이는 사이에 동무가 갑자기 이사를 가 버린 거야. 지금도 차를 타고 그 동무가 이사 간 도시를 지나갈 때면 우리 집을 기웃거리던 동무 얼굴이 떠올라. 내가 속이 좁아서 친한 동무를 잃었다는 생각이 들어 안타깝지.

까막잡기

까막잡기

"짝짝짝, 여기 있다!"

"짝짝짝, 나 잡아 봐라!"

수건으로 눈을 가린 술래 둘레를 아이들이 손뼉을 치면서 돌아다녀. 약을 올리면서 놀리다가도 술래가 가까이 다가오면 잡히기 싫어서 요리조리 몸을 피하는 거야. 앞이 보이지 않는 술래는 갑갑하기도 하고 약을 올리는 아이들 때문에 조바심도 나지. 헛손질을 하면서 애태우는 술래를 보면 그 모습이 안타까우면서도 재미있어. 그렇게 소리 나는 곳을 쫓던 술래가 드디어 한 아이를 잡으면 얼굴과 몸을 더듬어서 누군지 이름을 맞혀야 해. 잡힌 사람은 술래가 얼굴을 만질 때 간지러워서 웃음이 터져 나오려고 해도 꾹 참아야 하지. 안 그러면 목소리를 듣고 누구인지 금방 알아챌 수도 있으니까 말이야.

"킥킥킥!"

"너, 영이지?"

술래가 이름을 맞히면 이젠 잡힌 아이가 술래가 되는 거야. 언뜻 생각하기에는 술래한테 잡혀서 다음 차례 술래가 되면 기분이 나쁠 것 같지만 꼭 그렇지도 않아. 동무가 내 옷과 얼굴을 만져 보고 나라는 걸 알아맞히면 괜히 기분이 좋거든. 그만큼 평소에 나한테 관심을 가지고 있다는 뜻이기도 하니까.

까막잡기는 집 안과 밖을 가리지 않고 어디서든지 할 수 있어. 집 안에서 할 때는 누구네 집에서 하느냐가 중요해. 방 주인이 술래가 되면 눈을 가려도 방 안 구조를 꿰고 있어서 사람을 잡기가 더 쉽잖아. 밖에서 놀이를 할 때는 금을 긋거나 동그라미를 크게 그려서 테두리를 정해. 술래를 피하다가 테두리 금 밖으로 나가면 그 사람이 술래가 되는 거지. 사람 수에 따라 크기도 달라지는데 좁은 공간에서 할수록 잡힐 위험이 많아서 더 아슬아슬하니 재미가 있어.

옛날에는 눈이 보이지 않는 사람을 두고 '까막눈이' 라고 했어. 그래서 눈을 가리고 손으로 앞을 더듬으면서 노는 이 놀이 이름도 까막잡기가 되었지. 지역에 따라 '봉사놀이', '소경놀이', '판수 놀이' 라고도 한대.

까막잡기도 다른 놀이처럼 지역마다 놀이하는 방법이 조금씩 달라. 어떤 곳에서는 아이들이 빙 둘러서고 그 가운데에 두 사람이 들어가서 고양이가 쥐를 잡는 식으로 놀이를 해. 또 다른 지방에서는 술래가 범이 되고 다른 아이들은 손뼉을 치면서 왔다 갔다 하지. 그러면 범은 소리만 듣고 이름을 맞히는 거야.

보통 까막잡기에서 놀이 방법을 조금 바꾼 '신호등 까막잡기' 도 있어. 이 놀이에서는 술래가 다른 아이들한테 움직이거나 멈추라고 시킬 수 있어. 술래가 "파란불!" 하고 외치면 움직일 수 있고, "노란불!" 하면 손뼉을 치면서 움직여야 해. 그러다가 "빨간불!" 하고 외치면 그 자리에 서서 움직일 수 없어. 술래는 노란불에서 아이들이 어디 있는지 알아낸 다음 빨간불로 멈추게 해서 잡는 거지.

까막잡기는 특별한 준비물 없이 눈을 가릴 천만 있으면 얼마든지 놀 수 있어. 재미있게 놀면서 한편으로는 앞을 보지 못하는 사람들 마음을 조금이나마 헤아려 보면 좋겠어.

꼬리잡기

꼬리잡기

꼬리잡기는 두 편으로 갈라 앞사람 허리를 잡고 한 줄로 길게 늘어서서 서로 상대편 꼬리를 잡는 놀이야. 넓은 마당이나 운동장만 있으면 아무 때나 할 수 있는 놀이이지만 아이들이 많이 모이지 않으면 잘 하지 않았어. 어울리는 사람이 많으면 많을수록 더 재미있는 놀이거든. 편을 가를 때는 가위바위보를 하기도 하지만 윗마을, 아랫마을로 나누어 경쟁을 더 부추기기도 했어.

꼬리잡기는 동네마다 조금씩 다르게 부르기도 해. 남쪽 지방에서는 '꼬리 따기' 라고 하는데, 맨 뒤에 있는 아이를 붙잡아 줄에서 떼어 낸다고 해서 붙은 이름이야. 또 제주도에서는 길게 늘어선 모습이 기러기 떼 같다고 해서 '기러기 놀이' 라고 한대.

놀이를 하려면 먼저 두 편으로 나누고 한 편에 한 명씩 놀이를 이끌 편장을 뽑아. 같은 편 무리 가운데 힘도 세고 재빠르면서 자기편을 잘 이끌어 상대편 꼬리를 잡을 수 있는 아이가 편장이 되는 거야. 같은 편이 된 아이들은 모두 편장 말에 따라야 해. 안 그러면 이기기는커녕 줄이 끊어져서 넘어지고 말거든. 편장은 자기편 아이들을 차례대로 세워. 공격도 잘해야 하고 수비도 잘해야 하는 놀이라서 편장은 누구를 어디에 세울지 잘 생각해야 해. 차례를 정한 다음 편장이 맨 앞에 서고 나머지 아이들은 그 뒤에 앞사람 허리를 잡고 길게 늘어서서 놀이를 시작하는 거야.

편장은 상대 편장이 자기편 꼬리를 잡지 못하게 막으면서 동시에 상대편 꼬리를 잡아야 하니까 부지런히 움직여야 해. 결국 꼬리를 잡느냐 못 잡느냐는 편장이 역할을 얼마나 잘 해내는가에 달려 있는 셈이야. 꼬리에 있는 아이도 중요한 몫을 하지. 상대 편장한테 잡히지 않으면서 자기 편장이 이끄는 대로 잘 따라야 해. 머리인 편장과 꼬리가 서로 잘 통하지 않고 제멋대로 움직이면 가운데서 줄이 끊어지고 말거든. 그래서 가운데에 선 아이들도 편장이 내는 꾀에 따라 재빠르게 움직여서 머리와 꼬리가 잘 붙어 있게 해야 해.

꼬리잡기는 노는 방법이 여러 가지야. 상대편 꼬리를 잡아떼어 자기편 꼬리 뒤에 붙이는 게 가장 흔하지. 또 한 아이를 범으로 정해서 먼저 범을 잡는 편이 이기는 것으로 하거나, 편장이 자기편 꼬리를 먼저 잡으면 이기는 것이 있어. 그리고 다른 아이들은 한쪽에 앉아 있고 편장만 나서서 상대편 꼬리를 끊는 방법도 있어. 한 판으로 끝내지 않고 삼판양승으로 승부를 가르는데 한 판만 야무지게 해도 허리가 저절로 꺾이고 숨이 차오르면서 땀이 비 오듯 쏟아지지.

예전에 학교 운동장에서는 아침마다 만만한 마을끼리 겨루는 꼬리잡기가 한판 벌어져서 왁자지껄했어. 놀이를 하는 아이들은 겨루기에 빠졌고, 구경꾼은 두 편이 서로 꼬리를 잡으려고 움직이느라 줄이 이리저리 휘돌다가 넘어지고 하는 모습을 보는 게 꽤나 재미있어. 그 가운데서도 서로 앙숙인 마을 아이들끼리 붙으면, 놀이에 마을 체면이 걸린 것처럼 일로 삼고 꼬리잡기를 했어. 얼마나 거칠게 놀았는지 이긴 편 진 편 할 것 없이 이리저리 나뒹굴면서 옷이 찢어지고 심지어는 코피가 나기도 했지. 그래도 다음 날이면 언제 그랬냐는 듯이 또 붙는 거야.

닭싸움

닭싸움

닭싸움은 선 채로 한쪽 다리를 들어 올려 두 손으로 잡고, 다른 다리로는 균형을 잡아 깨금발로 뛰면서 상대방을 밀어 넘어뜨리는 놀이야. 여자아이들은 좀 더 편하게 다리 하나를 뒤로 올려서 같은 쪽 손으로 발목을 잡고 하기도 해. 외다리로 콩콩 뛰면서 뒤뚱거리는 모습이 닭을 흉내 내는 놀이라고 하는데, 그럴싸하지. 다른 이름으로 '깨금발 싸움', '무릎싸움' 이라고도 해.

닭싸움은 하는 사람과 보는 사람 모두 재미있어서 다 같이 즐길 수 있는 놀이야. 처음에는 드세게 달려들었다가 다리 힘이 풀려 "어이쿠!" 하면서 엉덩방아를 찧는 아이나 균형을 잘 못 잡아서 공격하는 사람이 없어도 제풀에 쓰러지는 아이를 보면 구경꾼들은 눈이 즐겁지. 시작할 때는 다들 겁 없이 달려들지만 생각보다 힘이 많이 드는 놀이라서 얼마 못 가 픽픽 쓰러지고 말아. 그래서 드세게 시작했다가 흐지부지 끝내는 싸움을 두고 '아이들 닭싸움하듯 한다' 고 해.

넓은 공간이 없어도 되고 별다른 도구가 필요한 것도 아니어서 언제든 하기 좋았어. 모래밭에 동그라미를 크게 그려 놓고 그 안에서 하면 다칠 염려도 없지. 테두리 밖으로 밀려나거나 발을 잡은 손을 놓치거나 올린 발을 바닥에 내려놓거나 넘어지면 지는 거야. 겨룰 때에는 손을 쓰면 안 돼. 닭싸움은 이런 규칙을 바탕으로 하지만 조금씩 다르게 정할 수도 있어. 옛날에는 한 손으로 다리를 잡고, 다른 손으로는 상대방을 밀치면서 하기도 했대. 하지만 이렇게 하다가는 놀이가 거칠어져서 진짜 싸움이 될 수도 있으니까 웬만하면 하지 않는 게 좋겠지.

겨룰 때는 일대일로 하는 게 기본인데, 경우에 따라 여럿이 한꺼번에 하기도 해. 이때는 한 사람씩 차례대로 붙는 게 아니라 두 무리로 나누어서 떼로 상대편에 덤비는 거야. "와!" 하고 소리를 질러 대면서 우르르 달려들지. 맞붙은 사람이 없어서 운 좋게 살아남은 아이, 두세 명이 한꺼번에 달려들어서 억울해하며 넘어진 아이, 둘이 맞붙어 싸우고 있는데 치사하게 뒤에서 덤비는 아이까지……. 짧은 시간 동안 갖가지 진풍경이 벌어져. 그렇게 치열한 싸움을 차례차례 이겨서 마지막까지 살아남은 사람이 닭싸움 왕이 되는 거야.

그다지 잘하지도 못했던 닭싸움이건만 초등학교 시절에는 참 많이도 했어. 학교 가는 길에 친구를 만나면 그 자리에서 한 판 붙고, 학교에 가서도 운동장, 교실 가리지 않고 했지. 모두들 잘하면 잘하는 대로 못하면 못하는 대로 봐주고 타박을 놓지 않으니까 많이 했던 것 같아.

우리 막냇삼촌은 명절만 되면 꼭 조카들을 마당에 불러 모아 닭싸움을 시켰어. 사촌 형제들이라고는 해도 오랜만에 만나면 으레 좀 서먹하기 마련이거든. 그렇지만 닭싸움 한 판이면 그런 느낌은 어느새 사라지고 말아. 어른들도 둘러서서 호기심 어린 표정으로 구경을 하는데, 형이나 누나들은 막내라고 해서 봐주는 법이 없었어. 언제나 내가 가장 먼저 나가떨어졌지. 그동안 제법 힘살이 붙었다고 의기양양했지만 사촌들도 못 본 사이에 키도 더 크고 몸도 더 커졌더라고. 꼴찌를 했지만 그래도 좋았어. 닭싸움을 한판 한 다음에는 모두 손을 잡고 군것질거리를 사러 뛰어나갈 만큼 친해졌으니까.

말뚝박기

말뚝박기

말뚝박기는 여럿이 두 편으로 나뉘어 하는 말타기 놀이야. 옛날에 말은 귀한 짐승이어서 아무나 타고 다닐 수 없었어. 그래서 누구나 한번 타 보고 싶었을 거야. 이 놀이에는 말을 타고 싶은 마음이 담겨 있어. 친한 동무는 물론 힘자랑하는 밉살스러운 형 등에도 사정없이 탈 수 있어 재미가 쏠쏠한 놀이지.

편을 가를 때는 덩치로 보아 어슷비슷한 사람끼리 나누고 대장을 뽑아. 대장은 힘이 세고 재빠르기도 해야 하지만 자기편을 이끌 만한 능력이 있어야 해. 무엇보다 가위바위보를 잘해야 쫓겨나지 않고 대장 노릇을 오래 할 수 있어.

대장끼리 가위바위보를 해서 진 편은 말이 되어 엎드려. 대장이 담벼락이나 나뭇등걸에 기대어 서면 나머지 사람은 허리를 구부려서 앞사람 가랑이에 머리를 넣고 앞사람 다리를 붙잡아. 이때 앞사람 다리에 어깨를 단단히 기대야 상대편이 타도 무너지지 않는 든든한 말이 되지. 대장은 힘이 약한 아이를 앞에 오게 하고, 꼬리 쪽에는 버티는 힘이 센 아이를 보내서 말이 잘 무너지지 않게 수를 써.

말을 타는 편은 멀찍이 떨어져서 상대편이 말을 만드는 걸 보고 있어. 말이 다 만들어지자 대장이 큰 소리로 물어.

"준비 됐나?"

그러면 말을 태워 주는 편 대장이 지지 않고 큰 소리로 대답해.

"준비 됐다!"

그러면 대장부터 한 사람씩 차례로 말을 타는 거야. 탈 때는 높이 뛰어 타면서도 떨어지지 않아야 해. 그리고 맨 앞에 탄 대장은 말 등을 짚고 상대편 대장이 있는 앞으로 바짝 붙어야 하지. 안 그러면 뒷사람은 자리가 없어서 올라타기가 어렵거든. 말에 올라타다가 밑으로 떨어지거나 올라타고 있는 동안 다리가 땅에 닿으면 말을 타는 편이 지는 거야. 그러면 말을 하던 편이 말을 탈 차례가 되지. 하지만 말이 무게를 견디지 못하고 무너져 내리면 말을 하던 편이 지는 거야. 그러면 말을 하던 편이 다시 또 말이 되어야 해. 그러니까 말을 타는 아이들은 끈질기게 떨어지지 않으려고 하고 말이 된 편도 있는 힘을 다해 버티지. 말도 무너지지 않고 타는 편도 떨어지지 않고 다 타면 두 편 대장이 가위바위보를 해. 이긴 편은 서로 얼싸안으면서 소리를 지르고 난리가 나. 다음 판엔 말을 타게 되었거든.

한번은 체육 시간에 사이가 좋지 않은 옆 반과 우리 반이 말뚝박기를 했어. 그런데 옆 반 아이들이 말을 탈 때 일부러 힘껏 올라타는 거야. 저 멀리서 있는 힘껏 달려와서는 온 힘을 다해 '쿵!' 하고 내려앉더라고. 마치 말뚝을 박듯이 여럿이 겹쳐 올라타는 바람에 힘에 부친 나는 분해서 눈물까지 나왔어. 다음번에 말을 타게 되면 보란 듯이 되갚아 주기로 마음먹었지. 우리 반이 말을 탈 차례가 되었어. 그런데 이번엔 말이 된 옆 반 아이들이 가만히 엎드려 있지 않고 이리저리 꿈틀대면서 우리가 떨어지게끔 수를 쓰지 뭐야. 그 바람에 본때를 보여 주려던 나는 땅바닥에 나뒹굴고 말았지. 우리는 너무 화가 나서 옆 반 대장 옆구리를 들이받아 버리려고 했어. 하지만 그 전에 선생님 불호령이 먼저 떨어졌지. 결국 두 반 아이들은 남은 시간을 운동장 쪼그려 뛰기로 보내야만 했어.

숨바꼭질

숨바꼭질

가을걷이가 끝난 농촌 마을은 어디나 숨을 곳 천지야. 이런 때는 아무리 얌전한 아이라도 가만히 있지 못하고 숨바꼭질을 하며 온 동네를 뛰어다녔지. 어른들이 타작마당 여기저기에 애써 재어 놓은 볏짚 무더기들은 아이들 숨바꼭질 덕에 하루가 다르게 무너져 내렸어.

달빛 좋은 밤, 저녁을 먹고 나면 아이들은 숟가락을 내려놓기가 무섭게 무엇에 홀리기라도 한 듯이 골목길로 내달려 나갔어. 가위바위보를 해서 술래를 정하면 술래는 나무둥치를 붙잡고 눈을 감은 채 큰 소리로 백까지 세.

"진짜 세면 날 샌다. 접으로 세어라."

누군가 달려가며 가르쳐 주어서 금방 다 세었어. 그새 우글우글하던 아이들은 그림자도 없이 사라져 버렸네.

어둠이 내린 타작마당은, 달밤이 아니면 아무것도 보이지 않아. 하지만 이미 닳을 만큼 닳은 술래는 아무 걱정 없어. 가까운 짚동 뒤에 조무래기 둘, 감나무 둥치 뒤에 하나, 좀 떨어진 드럼통 속에 하나. 이제 몇 남지 않았어.

숨은 아이는 술래가 다가오면 뛰어나갈지 말지 빨리 마음을 정해야 해. 들켰을 때 먼저 진으로 달려가서 "찜!" 하면 다시 살아날 수 있으니까 있는 힘껏 뛰어 보는 거야. 이미 죽은 아이들은 진터에 잡혀 있는데, 숨어 있는 아이가 날랜 장수처럼 나타나 자기들을 살려 주기를 목이 빠져라 기다리면서 술래가 찾아내지 못하게 방해하지. 누군가 숨어 있는 곳으로 술래가 다가가면 잡힌 아이들은 목청껏 소리쳤어. 그래도 술래는 잘만 찾아냈지.

하지만 제아무리 도가 튼 술래라고 해도 너무 자신만만해하다가는 실수를 하고 말아. 진 바로 옆에 있는 담장 밑 짙은 그늘 속에 짚단을 덮고 있던 아이를 놓친 거야. 다시 술래가 된 동무는 씩씩거리면서 "꼭꼭 숨어라. 머리카락 보인다." 하고 고함을 질렀어. 거푸 술래가 되면 화가 나서 집으로 가 버리는 아이도 있어서 이번에는 모두 약속이나 한 듯 깊이 숨지 않아. 술래는 귀를 쫑긋 곤두세우고 모두 찾아냈어.

가끔 짓궂은 아이들은 아예 짚동 한가운데까지 파고 들어가서 숨어 버리기도 했는데, 그러다가 정말 큰일이 벌어진 적이 있어. 술래가 끝까지 찾지 못해서 숨바꼭질하던 아이들이 모두 나섰는데도 보이질 않는 거야. 집에도 가 봤지만 없었지. 나중에는 부모님과 동네 어른들까지 나서서 짚단에 불을 붙여 근처 도랑이랑 숨을 만한 데는 다 살펴보았지만 헛일이었어. 어른들은 아이가 귀신한테 홀려 갔다느니 하고 좋지 않은 말들만 하는 거야. 같이 숨바꼭질을 했던 아이들은 밤새 동무가 걱정되어 잠을 이루지 못했지.

이튿날 아침이 되자 아이들은 놀라서 입이 딱 벌어지고 말았어. 전날 아무리 해도 찾을 수 없던 동무가 머리에 지푸라기를 잔뜩 뒤집어쓴 채 나타났지 뭐야. 알고 보니 들키지 않으려고 짚더미 깊숙이 숨었는데, 저녁밥을 너무 많이 먹은 나머지 졸음을 참지 못하고 그만 잠이 들고 말았다는 거야. 그 잠꾸러기 동무가 누구냐고? 바로 나였어!

씨름

씨름

우리나라 사람들은 오랜 옛날부터 씨름을 무척 좋아했어. 고구려 무덤 벽화에도 씨름하는 모습이 있고 고려와 조선으로 이어지면서 더욱 활기를 띠었대. 해마다 오월 단오, 칠월 백중과 팔월 한가위에는 여러 가지 민속놀이가 펼쳐졌는데, 그 가운데 가장 인기 있는 것이 씨름이었지. 고대 그리스와 인도, 중국 들에도 씨름과 비슷한 놀이가 있는 걸 보면 씨름은 오래 전부터 전 세계에서 즐기던 놀이인가 봐. 그런데 우리나라 씨름이 다른 나라 것과 다른 점이 하나 있어. 우리나라 씨름에서만 샅바를 쓴다는 거야.

고려 시대부터 전해 오는 씨름은 크게 다섯 갈래야. 오늘날 널리 하는 왼씨름은 오른쪽 넓적다리에 샅바를 매고 왼손으로 상대방 샅바를 잡는 거야. 이밖에도 왼씨름과 반대로 하는 오른 씨름, 서서 하는 선씨름, 허리에 띠를 두르고 하는 띠씨름, 오른쪽 팔과 다리에 샅바를 감고 겨루는 바씨름이 있어. 또 씨름꾼의 나이와 힘에 따라 애기씨름, 중씨름, 상씨름 들로 나누기도 해.

막상 씨름을 하려고 하면 어떻게 상대를 넘어뜨려야 할지 궁리하느라 머릿속이 다 막막해지기 마련이야. 단순히 힘만 세다고 이기는 게 아니라서 수를 잘 모르고 들입다 힘만 쓰다가는 보기 좋게 거꾸러지고 말거든. 덩치가 작고 힘이 달려도 상대방을 넘어뜨릴 수 있는 수가 수십 가지 있지.

씨름 수는 손, 다리, 몸통 수로 나뉘어. 그 가운데 '손 수'는 손과 팔을 써서 상대의 무릎, 등, 목, 다리를 치거나 밀고 당겨서 넘어뜨리는 재간이야. '다리 수'는 다리와 발로 상대 다리를 걸어 당기거나 뒤로 밀어 넘어뜨리는 것으로 안걸이, 빗장걸이, 호미걸이, 덧걸이 들이 있지. '몸통 수'는 허리와 팔 힘으로 상대를 들어 올려 젖히면서 넘어뜨리는 재간인데, 우리나라 씨름에서는 배지기가 대표적인 몸통 수야.

시골 아이들은 초등학교 3, 4학년쯤 되면 이런 재간을 몇 가지씩은 부릴 줄 알았어. 동네 형들이 재미로 조무래기들을 모아 씨름을 붙이면서 재간도 가르쳐 주었거든. 재미가 붙은 아이들은 냇가 모래톱과 짚 덤불, 잔디밭을 가리지 않고 씨름판이 될 만한 곳만 보이면 씨름을 했어.

어느 날 아랫마을 아이들이 은근히 시비를 걸어오는 거야. 윗마을은 아랫마을 밥이니까 한가위 씨름 대회에서 자기들이 우승하는 건 떼어 놓은 당상이라며 거드름을 피우지 않겠어? 곧바로 한판 붙어 보자고 달려들었지.

서로 번갈아 가며 이겨서 2대 2가 되자 모두들 숨을 죽였고 마침내 내 차례가 왔어. 상대 허리춤을 잡아 보니 뻗대는 힘이 별로인 거야. 키도 작으니까 배지기로 이기겠다 싶었지. 시작과 동시에 불끈 들어 올리는데, 아뿔싸! 녀석의 재빠른 안다리 걸기에 걸려서 지고 말았어. 둘째 판은 상대가 재간을 못 부리게 어깨로 밀면서 틈을 엿보았지. 그런데 미는 힘이 너무 지나쳤던지 이번엔 녀석의 앞무릎 치기에 그만 고꾸라졌지 뭐야.

그로부터 몇 해가 지난 한가윗날, 읍내에서 열린 씨름 대회에 마을 대표로 나갔어. 그런데 첫 상대가 예전에 날 울렸던 그 녀석인 거야. 또다시 나는 지고 말았지. 그런데 지난번처럼 분한 마음은 들지 않았어. 그 녀석은 고등학생도 너끈히 이길 만큼 실력이 좋다는 걸 알게 되었거든. 씨름 장사가 되어 상으로 걸린 황소의 주인이 되겠다는 꿈은 그날로 접을 수밖에 없었어. 하지만 지금도 씨름 구경을 하다 보면 가슴이 두근거리면서 한판 겨루어 보고 싶은 마음이 들어.

엿치기

엿치기

예전에는 마을마다 골목마다 엿장수가 돌아다녔어. 손수레 위에는 엿목판을 걸고 아래에는 고물을 싣고 가위를 쩔꺼덕거리면서 사람들을 불러 모아 고물과 엿을 바꾸어 주었지. 크고 넓적한 판처럼 생긴 엿에 네모난 칼을 대고 가위로 툭툭 쳐서 끊어 주기도 하고, 가락으로 길게 뺀 엿을 가위로 잘라 팔기도 했어.

아이들은 재미있는 놀이에 빠져 있다가도 엿장수 가위 소리가 들리면 부리나케 집으로 달려갔어. 고물을 찾아 헛간, 뒤란, 마루 밑 할 것 없이 집 안 구석구석을 뒤지는 거야. 찌그러진 냄비, 구멍 난 고무신, 깨진 바가지, 유리병……. 집집마다 있는 고물이란 고물은 모두 아이들 손에 들려 고스란히 엿장수 앞에 쌓였지.

하얀 엿판을 보는 순간, 입안에 침이 가득 고이면서 어서 맛볼 수 있기를 기대해. 하지만 '엿장수 마음' 이라는 말이 괜히 생겨났겠어? 엿장수는 아이들이 들고 나온 고물들을 찬찬히 살펴보고는 머리를 절레절레 흔드는 거야. 아이들은 눈앞에 엿을 두고 돌아서지도 못하고 어쩔 줄을 모르지. 그러면 엿장수는 한참 뜸을 들인 뒤에야 마지못한 듯 엿을 두어 번 쳐서 뗀 조각을 헌책 종이에 싸서 주는 거야. 아이들은 얼마나 떼어 줄까 기대하고 있다가 그만 볼이 부은 얼굴이 되고 말았지.

할아버지, 할머니와 함께 사는 아이는 그래도 행복한 편이었어. 할아버지, 할머니들은 엿과 바꾸어 먹을 만한 것을 늘 마련해 두셨거든. 과자나 단 것이 귀한 때라 군것질거리로 엿만 한 것이 없었으니까. 그래서 엿가위 소리가 들리면 아이들은 할머니 치맛자락을 잡고 엿장수 아저씨한테 가자고 졸라 댔지.

가락엿을 산 아이들은 엿가락을 부러뜨려서 누구 엿 구멍이 더 큰지 내기를 했어. 이게 바로 엿치기야. 엿을 만들 때 공기 구멍이 생기는데, 신기하게도 엿가락마다 구멍 크기가 다 달라. 다들 자기 엿에 난 구멍이 더 크다고 생각하지만 부러뜨리지 않고는 알 수 없지.

"탁!"

힘주어 엿을 부러뜨렸어. 구경하던 아이들도 가까이 다가와서 누구 엿에 난 구멍이 더 큰지 보느라고 왁자지껄해. 고만고만해서 어느 것이 더 큰지 가리기가 쉽지 않네. 엿치기를 해서 진 사람은 엿 값을 물기도 했어. 지면 오기가 나서 한 번 더, 한 번만 더 ……. 구경하던 아이들은 한 가락 얻어먹고 싶은 마음에 자꾸 부추겨. 그러다 보면 금세 엿 한 판이 동이 나지. 이렇게 판이 커지기도 하고 무엇보다 돈이 걸려 있어서 엿치기는 큰 아이들이나 하는 놀이였어. 조무래기들은 그냥 고물 한 개 가져다주고 엿 한 가락 받아먹으면 그만이었지.

사탕도 과자도 흔하지 않았던 그 시절에 달착지근한 엿은 아이들한테는 참기 힘든 유혹이었어. 어찌나 먹고 싶던지, 집에 꼭 필요한 물건이나 가보로 내려오는 골동품까지도 몰래 엿과 바꾸어 먹을 정도였다니까. 어른들이 알면 혼쭐이 날 게 뻔하지만 그래도 엿장수 가위 소리가 들리면 침부터 고였던 거야.

어릴 적 추억 때문인지 어른이 된 지금도 곧잘 엿을 사 먹고는 해. 땅콩엿, 호박엿, 깨엿, 고구마엿, 밤엿 같은 여러 가지 엿을 사 먹어 봐도 어릴 때 할머니가 사 주시던 그 맛은 아닌 것 같아.

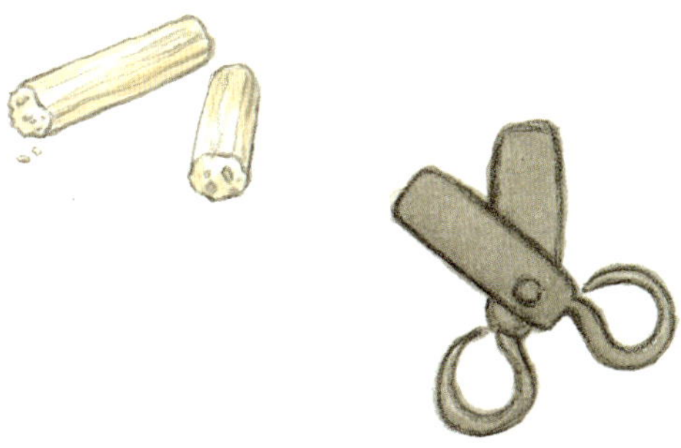

자치기

자치기

자치기는 긴 막대로 짧은 막대를 치거나 튕기는 놀이야. 가을걷이가 끝난 들녘이나 빈터에서 많이 했어. 동네마다 부르는 이름이 조금씩 다른데, 긴 막대를 '채', '큰 자', '긴 자' 라고 하고 짧은 막대를 '알', '작은 자', '메뚜기' 라고 해. 팔뚝만 한 길이에 손에 쥐기 좋은 막대를 채로 쓰고 한 뼘 남짓한 막대 양 끝을 비스듬히 깎아서 알을 만들지.

자치기를 하려면 마당 한쪽에 지름이 손 한 뼘만 한 구덩이를 파고, 구덩이 둘레에 한 발*쯤 되게 진을 그려. 그리고 편을 나누어 서로 번갈아 진을 차지하고 채로 알을 치면서 점수 내기를 하는 거야.

"오늘은 몇 자 내기할까?"

"백 자를 한 동으로 해서 오십 동 내기하자."

이때 '자' 는 채 길이를 기준 삼아 재는 거야. 같은 길이일 때, 채가 짧으면 자가 많이 나오고 길면 적게 나오겠지.

가위바위보에서 이긴 편이 먼저 진을 차지해. 진 편은 알을 잡으려고 여남은 걸음 밖에 늘어서고. 단계에 따라 채를 치는 방법이 달라.

일 단계, 진에 들어가서 구덩이에 알을 가로로 살짝 걸쳐 놓아. 그러고는 채를 알 밑에 갖다 대면서 상대편을 보고 소리치지.

"준비 됐나?"

"준비 됐다!"

"맛대!"

큰 소리로 외치면서 채로 알을 힘껏 쳐서 날려 보내는 거야. 마음을 졸여서 그런지 알이 얼마 날아가지도 못하고 떨어지네. 그래도 알을 잡았을 때 외치는 '전따이!' 를 듣지 않았으니 다행이지.

이젠 상대편에서 알을 진 안으로 던져 넣을 차례야. 알이 날아오면 이쪽에서는 다시 '맛대!' 하고 외치면서 알을 되받아 멀리 쳐 내야 해. 알이 진 안에 들어오거나 쳐 낸 알이 잡히면 죽어. 채를 쥐고 벼르던 우리 편 아이는 알을 멋지게 쳐 냈어.

"백 자!"

그런데 상대편에서 백 자가 안 된다고 우기면 채로 알이 날아간 자리까지 거리를 재야 해. 한 자라도 모자라면 죽게 되고, 백 자가 넘으면 자를 배로 벌 수 있어. 채로 빙글빙글 돌리면서 자를 재다가 어떨 땐 잘못 잰다고 시비가 붙기도 하지.

이 단계, 자치기 다시 시작! 채로 알 끝을 가볍게 쳐서 띄운 다음 세게 쳐서 날려 보내는 거야. 알이 어디로 날아갈지 모르니까 멀리 떨어져 있어야 해.

마지막 단계에는 알을 손으로 잡고 쳐. 한 손에 알을 쥐고 다른 손으로 칠 수도 있고 한 손에 채와 알을 함께 쥐고 칠 수도 있어. 한 손에 같이 들고 칠 때는 알을 살짝 던져 올리고 치는데, 재주 좋은 아이들은 알을 두세 번 '탁탁탁!' 쳐서 날려 보내기도 해.

자치기는 자칫 잘못하면 위험하기도 해. 세게 친 알이 날아가 장독이나 창문을 깨뜨리기 일쑤였거든. 쏜살같이 날아오는 알을 피하지 못해서 상처를 입은 아이도 꽤 있었어. 그렇지만 어른들께 아무리 꾸중을 들어도 자치기라면 자다가도 벌떡 일어났지.

***발** 길이를 나타내는 말. 한 발은 두 팔을 양옆으로 펴서 벌렸을 때 한쪽 손끝에서 다른 쪽 손끝까지 길이이다.

줄다리기

줄다리기

줄다리기는 여럿이 힘과 마음을 하나로 어우를 수 있는 놀이야. 그래서 학교 체육 대회 때마다 빼놓지 않고 하는 놀이이기도 하지. 서로 끌어오고 끌려가고 하면서 몸과 마음이 하나가 되는 거야.

우리 겨레가 오래 전부터 해 오던 줄다리기는 요즘처럼 밧줄 하나로 하는 게 아니었어. 온 마을에서 볏짚을 모아 어른 아름이 넘는 굵은 줄을 수백 미터나 되게 삼은 다음, 다시 손에 잡힐 만한 굵기로 동줄을 삼아 큰 줄에 이었지. 풍년이 들려면 양 기운과 음 기운이 잘 어울려야 한다고 믿어서 두 편으로 나누어 수줄과 암줄을 따로 만들었어. 어느 편이 힘이 센지 겨루기보다는 그저 농사가 잘되기를 바라는 마음을 모아 한바탕 신명 나는 놀이로 풀어냈지. 옛 기록을 살펴보면, 줄다리기가 신라와 고려 때 풍습이라고 해. 풍년을 바라는 놀이인 것으로 짐작하건대, 삼국 시대에 널리 논농사를 지으면서 시작되었을 거야.

조선 시대에는 전국 어디서나 줄다리기를 즐겨 했는데, 특히 정월 대보름에 많이 했대. 지방에 따라 오월 단오, 칠월 백중, 팔월 한가위에 하는 곳도 있었어.

줄다리기하는 방법은 지방마다 조금씩 달라. 전라도 어느 섬마을에서는 암줄이 이겨야 풍년이 든다고 믿어서 일부러 암줄 편이 이기게 한대. 제주도에서는 한가윗날 남녀가 같이 춤추며 놀다가 줄다리기를 하는데, 이것을 '조리 놀이' 라고 해. 경남 밀양에는 '게줄 당기기' 라는 놀이가 있는데, 굵은 줄 양쪽에 작은 줄을 게 다리처럼 여러 가닥 매어 이 줄을 허리에 차고 당기는 거래.

줄다리기를 하면 아이들은 이기고 싶은 마음에 손이 미끄러지지 않게 줄에 흙을 문지르기도 하고, 땅바닥에 발꿈치를 버티며 눕다시피 하다가 발로 바닥에 있는 흙을 파기도 해. 또 상대편 기를 꺾어 놓으려고 한껏 거드름을 피우면서 힘깨나 쓰는 척하기도 하지.

마침내 신호가 울리면 아이들은 "영차! 영차!" 구호를 외치면서 있는 힘껏 줄을 당기기 시작해. 하지만 처음에는 마주 당기는 힘이 비슷해서 줄이 꼼짝도 하지 않아. 그러다가 팽팽하던 줄이 조금씩 움직이기 시작하지. 서로 힘이 비슷해서 줄이 왔다 갔다 하면 보는 사람도 손에 땀을 쥐게 돼. 하지만 결국 뒷심이 달리는 쪽은 힘이 부치기 마련이야. 다시 마음을 모아 남은 힘을 모두 짜내 줄을 당기면 언제 그랬냐는 듯이 줄이 끌려오고 말지. 이긴 편은 펄쩍펄쩍 뛰면서 서로 부둥켜안고 만세를 불러.

줄다리기를 하는 날이면 구경꾼이 모여들고 풍물패가 신명을 돋우었지. 양쪽에서 장정들이 큰 줄을 어깨에 메고 들어와서는 한참 동안 서로 다가갈 듯 말 듯 눈치만 보고 있어. 그러다가 수줄 끝을 암줄 고리에 꿰어 나무 빗장을 지르고는 진짜로 줄다리기를 시작하는 거야. 줄다리기를 하다 보면 어느새 구경꾼들도 모두 달려 나와 한마음이 되어 줄을 당기기도 했어.

예전에 전국 방방곡곡에 수많은 사람들이 모여 줄다리기를 하는 모습은 정말 굉장했다고 해. 하지만 일제 강점기에 일본이 우리나라 사람끼리 한곳에 모이지 못하게 가로막아 줄다리기를 못하게 되었지. 해방이 되고 나서 다시 되살린 곳도 많지만 남북으로 갈라지면서 또 끊기고 말았어. 지금은 경남 영산, 충남 당진 같은 곳에서 그 맥을 이으려고 해마다 줄다리기 행사를 연대.

줄타기

줄타기

줄타기는 기둥을 두 개 세우고 가로로 맨 줄 위에서 여러 가지 재주를 부리는 놀이야. 이 줄타기는 어렵고 위험해서 보통 사람들이 직접 놀이를 하지는 않아. 줄타기를 전문으로 하는 광대가 있어서, 사람들은 그 재주를 구경하며 즐거워했지. 광대는 여러 가지 재주를 부려 사람들을 즐겁게 해 주었는데 그 가운데서도 줄타기가 으뜸이었어.

신라 때부터 줄타기가 있었을 거라고 해. 조선 시대에는 나라에 속한 광대들 재주가 뛰어나서 외국 사신들도 감탄했대.

조선 후기에 상업이 발달하면서 줄타기는 두 갈래로 나뉘었어. 나라에 속해 임금이나 양반 앞에서 재주를 부리는 '광대 줄타기' 와 여러 곳을 떠돌며 마을과 저잣거리에서 재주를 부리는 남사당패들의 '어름 줄타기' 로 말이야. 구경하는 사람들 신분이 다르다 보니 놀이판과 놀이 방법도 많이 달랐지.

광대 줄타기는 낮에 삼현 육각* 연주에 맞춰 재주를 부리는 거야. 줄 타는 사람을 '줄광대' 라고 하지. 두 다리 사이에 줄을 끼고 앉았다가 일어나는 '쌍홍잡이' 나 쌍홍잡이를 하여 줄 위에 올라섰다가 오른쪽 무릎을 꿇고 줄 위에 앉는 '외무릎꿇기' 처럼 보기에도 어려운 몸짓을 많이 했어.

어름 줄타기는 밤에 동네 큰 마당에서 남사당패가 백성들과 어우러져 신나게 한판 벌이던 놀이야. 꽹과리, 북, 장구, 징, 날라리 반주에 맞추어 노래와 춤사위를 곁들였지. 줄을 타는 사람은 '어름사니' 라고 해. 아슬아슬하게 줄을 타는 모습이 살얼음을 밟는 듯하다고 붙은 이름이래.

이 마을 저 마을 떠돌던 남사당패가 저물녘에 하룻밤 잠자리와 먹을거리를 찾아 마을 어귀에 들어서면 온 마을이 들썩거렸어. 너른 마당에 횃불을 밝히고, 남사당패는 풍물, 버나(사발 돌리기), 살판(땅재주), 어름 줄타기, 덧보기(탈놀음), 덜미(꼭두각시놀음)를 차례로 펼쳐 보여.

이 가운데 사람들이 가장 가슴을 졸이고 손에 땀을 쥐면서 보는 놀이는 바로 어름 줄타기였어. 어름사니가 줄타기를 하는 무대를 줄판이라고 해. 삼 껍질로 꼰 밧줄을 땅 위 3미터 높이에 단단히 매고 줄 고사를 지내고 나면 어름사니의 재주가 시작되는 거야. 이때 어릿광대 배우씨도 같이 줄을 타면서 재주와 익살을 부렸지.

조선은 신분 질서가 엄격하고 양반과 벼슬아치들이 다스리는 사회였어. 춤추고 노래 부르는 광대는 짐승을 잡는 백정과 함께 가장 업신여김을 받는 신분이었지. 이들은 조선 후기로 들어오면서 양반들의 괴롭힘을 견디다 못해 살던 고향을 등지게 되었어. 여기저기 떠돌아다니면서 재주를 팔아먹고 사는 것이 고생스러워도 마음은 훨씬 편했던 거야.

어름사니와 배우씨가 줄을 타면서 하는 노래와 말에는 못된 양반과 중을 비꼬는 내용이 많았어. 꼭두각시놀음과 탈놀음에도 양반의 허물을 들추는 이야기가 많았지. 백성들의 아픈 마음을 놀이를 통해 드러낸 거야. 고된 일과 가난에 찌든 구경꾼은 자기들이 하고 싶은 말을 대신 해 주는 어름사니 덕분에 가슴이 다 후련해졌지.

* **삼현 육각** 국악의 악기 편성법 가운데 하나. 향피리 두 개, 대금, 해금, 장구, 북으로 이루어진다.

칼싸움

칼싸움

사내아이 서넛이 마당에 모여 머리를 맞대고 쑥덕쑥덕 이야기하고 있어. 그 옆에는 큼직한 널빤지, 팔목만큼 굵다란 대나무, 엄지 굵기 나무 막대, 못, 뜨개질하는 털실 들이 놓여 있네. 이윽고 무엇인가 부지런히 만들기 시작해. 널빤지를 길게 자르는 아이는 이마에 땀이 송골송골 맺혔어. 널빤지가 움직이지 않게 발로 밟고 있는 아이는 보기만 해도 흐뭇한지 자꾸만 싱글벙글하고. 옆에선 쇠꼬챙이로 대나무 속을 뚫고 있어. 망치질을 잘못해서 손등을 스쳤지만 그래도 멈추지 않아.

한참 지나서 아이들이 만들려고 하는 것이 얼추 모습을 드러냈어. 길게 자른 널빤지는 벌써 낫으로 다듬어 놓았네. 대나무 칼자루를 끼워 넣고 한 뼘쯤 되는 나뭇조각에 못을 박아 칼코등이* 까지 다니까 본때 좋은 칼이 되었어. 어쩐지 뭔가 빠진 듯한데. 아하! 자루 끝에 털실을 붙여야지.

모두 한 자루씩 만들어 허리에 차니까 어엿한 무사 같은걸. 나무칼이라도 이리저리 휘두를 때마다 휙휙 바람을 가르는 소리가 제법 날카로워. 신바람이 난 아이들은 보자기를 망토처럼 목에 두르고 수건으로 머리도 동여매었어. 이젠 더 이상 딱지치기나 하는 코흘리개가 아니야.

아이들은 골목길에서 한판 맛보기로 어울려 보고는 뒤도 돌아보지 않고 늘 칼싸움을 하는 언덕으로 달려갔어. 먼저 가서 좋은 곳에 진지를 정해야 하거든. 언덕 높은 곳은 큰 소나무들이 둘레를 에워싼 오래된 무덤 자리인데, 아이들이 놀면서 얼마나 문대었던지 잔디는 하나도 없고 둥글게 쌓아 올린 흙더미도 납작해져 무덤처럼 보이지도 않아. 조금 아래쪽에도 비슷하게 생긴 무덤 자리가 있어. 아이들은 늘 이 두 곳에 진을 정하고 놀았지.

상대편 진지에 꽂혀 있는 대장 깃발을 빼앗으면 이기는 거야. 아이들은 소리를 지르면서 상대편 진지를 향해 달려갔어. "얍!" 하면서 막고, 베고, 찌르는데 전쟁터가 따로 없네. 그러다가 칼에 손등을 맞은 아이가 울고, 때린 아이는 스치기만 했지 칼로 내리치지는 않았다고 우기는 바람에 결국 싸움을 멈추고 말았어.

이번에는 한 편이 둘로 나뉘어 공격과 수비를 따로 맡기로 했어. 공격을 맡은 아이들끼리 가운데에서 마주치지 않게 서로 다른 쪽으로 돌아서 가기로 하고 돌과 나뭇가지를 쌓아 성도 만들었지. 공격과 수비로 맞붙으니까 아까처럼 뒤엉키지도 않고 더 그럴싸한 칼싸움이 되었어.

아이들한테 칼싸움 놀이는 머릿속에 그리던 멋진 꿈을 꺼내어 보는 것처럼 가슴 설레는 놀이였어. 칼싸움에서는 이순신 장군이나 연개소문 장군처럼 나라를 지키는 훌륭한 장군이 될 수도 있잖아. 하루도 똑같이 놀지 않고 할아버지, 할머니한테 들은 옛날이야기를 바탕으로 자기가 아는 것을 모두 끌어모아 새로운 이야기를 만들었지.

칼싸움 놀이는 자칫 잘못하면 위험할 수 있으니까 절대로 얼굴을 노리고 찌르면 안 돼. 아이들은 말하지 않아도 알아서 서로 다치지 않게 마음을 썼어. 그래도 칼을 마구 휘두르거나 위험한 행동을 하면 싸움에 끼워 주지 않고 망을 보게 하는 거야. 그러면 다시 모두 재미있게 놀 수 있었지.

* **칼코등이** 칼자루 목 쪽에 감은 쇠테.

팽이치기

팽이치기

겨울철에 아이들이 즐겨 하던 놀이 가운데 뭐니 뭐니 해도 팽이치기가 으뜸이지. 아무리 추운 날에도 마당과 골목, 얼음판은 팽이를 치는 아이들로 넘쳐 났어.

우리나라에서는 삼국 시대부터 팽이치기를 했대. 천 년도 더 전에 쓰인 역사책《일본서기》를 보면 우리나라 팽이가 일본에 전해졌다고 해. 또 조선 시대 책에는 팽이를 '핑이' 라고 하고 팽이치기를 '핑이치기' 라고 했다는 얘기가 실려 있어.

어지럽게 팽팽 돌아가는 팽이에는 만든 아이의 손재주가 고스란히 담겨 있어. 잘 만들어야 잘 도는 건 당연한 말씀. 자기가 만든 팽이가 잘 돌아가는 걸 보는 기분은 정말 최고야.

얼핏 생각하기에는 팽이를 만드는 게 쉬울 것 같지만 막상 해 보면 그렇지도 않아. 나무를 고를 때부터 제대로 가려서 골라야 하는데, 박달나무, 대추나무, 관솔 같이 무겁고 단단한 나무가 좋아. 그래야 팽이 심이 쉬이 닳지 않고 오랫동안 잘 돌거든. 또 팽이가 돌 때 '윙윙' 왕벌 우는 소리가 나서 팽이 돌리는 맛을 한층 돋우기도 하지. 이런 나무들을 구하기 어렵다면 흔한 소나무라도 괜찮아.

팽이 균형을 잘 잡으려면 다 깎고 나서 숯을 대고 한 바퀴 돌려 봐. 그런 다음 숯이 까맣게 묻은 부분을 조금 더 다듬으면 돼. 마지막으로 팽이를 오줌에 오래오래 담가 두어 나무 틈새가 벌어지지 않게 해야지.

팽이는 만드는 사람이 멋 부리기에 따라 생김새가 여러 가지야. 그 가운데 잘 돌아가는 말팽이가 가장 흔했지. 곡식 양을 가늠하는 그릇인 말처럼 생겨서 말팽이라는 이름이 붙었어. 또 장구처럼 생겨서 위아래 없이 아무 쪽으로나 돌릴 수 있는 장구팽이, 허리 부분에 줄을 낸 줄팽이, 팽이 머리 가운데를 움푹 파서 솜이나 쑥을 넣고 연기를 피우는 팽이도 있어.

팽이가 아무리 좋아도 채가 나쁘면 잘 돌릴 수 없어. 팽이채는 50센티미터쯤 되는 곧은 나뭇가지 끝에다가 무명실이나 명주실로 꼰 노끈을 매어 만들어. 시골에서는 산골짜기에 흔한 닥나무 껍질을 벗겨 만들었지.

팽이와 채를 다 만들었으면 돌이 없는 판판한 땅이나 얼음판에서 신나게 팽이를 쳐 볼까? 채로 팽이를 칠 때는 내리치지 말고 팽이 옆쪽을 쳐야 해. 처음에는 부드럽게 톡톡 치다가 잘 돌아가면 세게 쳐서 빨리 돌아가게 하는 거지. 채를 잘 치면 '착착' 하는 소리가 나.

아이들이 돌리는 팽이 생김새가 저마다 달라서 돌아가는 모습도 다 달랐어. 머리나 허리에 곱게 줄무늬를 넣은 팽이를 돌리면 줄무늬가 위로 떠오르는 것처럼 보이기도 해.

아이들은 누구 팽이가 더 오래 도나 겨루다가 서로 부딪치기도 하고, 팽이를 돌리면서 마당 끝까지 갔다가 돌아오기 같은 내기도 했어. 팽이치기에 정신이 팔려 있다 보면 밥 먹는 것도 새까맣게 잊어버렸지.

요즘 아이들도 팽이치기를 곧잘 하지만, 예전과 많이 달라진 것 같아. 팽이에 줄을 감아 던지는 것이 있는가 하면 기다란 플라스틱 막대를 끼워 잡아당기는 것도 있더라. 새로운 것도 좋지만 옛 놀이를 되살리는 것도 의미 있지 않을까?

활쏘기

활쏘기

우리나라를 '활의 나라' 라고 하지. 옛날에 중국 사람들이 우리 겨레를 두고 '동이' 라고 했는데, '큰 활을 든 동쪽 사람' 이라는 뜻이야.

다른 나라 활은 그냥 밋밋하게 둥그스름한 데 견주어 우리나라 활은 여러 번 구부려서 만들어. 그래서 우리나라 활이 튼튼하고 화살이 멀리 나간다고 해. 나라 안팎으로 싸움을 많이 하던 때에 굽은 활을 만들어 낸 것은 대포 발명만큼이나 엄청난 일이었대. 그 활 덕분에 고구려는 수나라, 당나라와 겨루어 늘 이길 수 있었지.

우리나라 활은 종류도 참 많아. 고조선의 '낙랑단궁', 고구려의 '맥궁' 처럼 외국에까지 널리 알려진 것도 여럿 있어. 신라에는 돌을 쏘는 '포노' 와 '구진천' 이라는 사람이 만든 '쇠뇌' 라는 활이 있었대. 쇠뇌는 기계 활인데, 한번 쏘면 화살이 천 걸음이나 나갔지.

아무리 좋은 활을 만들어도 잘 쏘지 못하면 헛일이야. 활을 잘 쏘는 지름길은 바른 자세와 마음에 있어. 겨냥할 때 몸이 흔들리지 않으려면 침착해야 해. 쏘기 전에는 신중해야 하지만 쏠 때는 망설임 없이 화살을 놓아야 하지. 옛날 선비들은 활쏘기를 자기 몸과 마음을 다스리는 바탕으로 삼았어. 그래서 활을 잘 쏘는 것을 아주 명예롭게 여겼지. 언제나 활을 가까이 두고 몸과 마음이 흐트러지지 않게 했던 거야.

아이들은 누구나 멋진 활을 갖고 싶어 했어. 그래서 어른들을 졸라 활을 만들 대나무를 구하려고 했지. 재료만 있으면 활을 만들기는 쉬워. 대나무가 잘 휘게 가운데를 살짝 구워서 줄을 걸면 되지. 대나무 대신 닥나무로도 활을 만들 수 있어. 그리고 가운데 휘는 부분을 두 겹으로 하면 화살을 훨씬 멀리 날릴 수 있어. 잘하면 새도 잡을 수 있을걸. 줄은 삼으로 만든 줄이 좋지만 구하기 어려우면 그냥 나일론 줄을 써도 돼. 그렇지만 고무줄은 안 쓰는 게 좋아. 잘 늘어지기는 하지만 힘이 받지 못해서 화살을 멀리 날리지는 못하거든.

화살은 갈대, 대나무, 싸리처럼 가지가 곧고 단단한 나무로 만들어. 화살 끝에 박는 화살촉은 무게가 앞에 실리게 해서 화살이 겨눈 곳까지 멀리 나가게 해 주지. 대나무 조각으로 만들어 화살에 꼭 맞물리게 박는데, 자칫 위험할 수 있으니까 너무 뾰족하게 깎지 않는 게 좋아. 마지막으로 큼직한 대나무 줄기를 잘라 물감을 칠하고 멜 수 있게 끈을 매달면 멋진 화살집이 생기는 거야. 할아버지는 아끼던 삼줄로 활시위를 걸어 주시고는 "한량 났다!" 하며 허허 웃으셨지. 옛날에는 활을 쏘러 다니는 사람을 한량이라고 했대.

어른들은 농사를 시작하기 전 이른 봄과 가을걷이가 끝난 뒤에 활터에 모여서 활쏘기를 했어. 둘이서 번갈아 쏘기도 하고 여럿이 편을 갈라 겨루기도 했지. 하지만 아이들은 활을 둘러메고 산과 들로 쏘다니는 걸 더 좋아했어. 나무둥치 맞히기, 솔방울 맞히기 같은 것을 하면서 하루 종일 활을 쏘아 댔지. 그래 봐야 나무둥치 한번 제대로 맞히는 일도 드물었는데 말이야. 어쩌다가 운 좋게 새 꽁지라도 맞힌 날에는 고구려 주몽도 부럽지 않을 만큼 기분이 좋았어.

자연 속에서 뛰노는 놀이

가재 잡기
감 따기, 밤 따기
게 잡기
고기잡기
깃대 세우기
나무 오르기
눈사람 만들기
눈싸움
돌싸움
두꺼비 집 짓기
물수제비뜨기
물싸움
썰매 타기
연날리기
토끼몰이

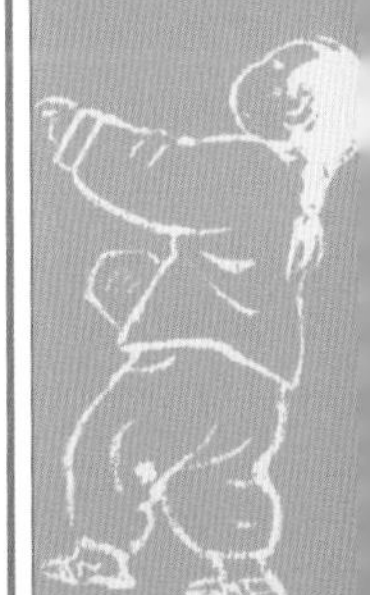

가재 잡기

가재 잡기

'가재는 게 편' 이라는 말 들어 보았니? 성격이나 처지가 비슷한 사람끼리 잘 어울리고 사정을 봐 주거나 감싸 줄 때 쓰는 속담이지. 그런데 사실 가재는 게보다 새우와 더 닮았어. '징거미' 라고 하는 민물 새우의 사촌쯤 되어 보여. 큰 놈은 어른 손가락만 한데, 수컷은 집게발이 유난히 크고 억세게 생겼지.

가재는 산골짜기 맑은 개울에 많이 사는데, 붉은빛 도는 갈색 몸을 돌 틈에 꼭꼭 숨기고 살아서 눈에 잘 띄지 않아. 하지만 움직임이 굼떠서 집게발만 조심하면 아이들도 곧잘 잡을 수 있지.

날씨도 화창한 어느 봄날이었어. 오늘은 무얼 하며 놀까 궁리하던 마을 아이들은 떼를 지어 가재를 잡으러 갔어. 저만치 울타리 너머로 보고 있던 여자아이들 서넛도 슬며시 꽁무니에 따라붙었지.

개울에는 논에 물을 대려고 막아 놓은 보가 층층이 있어. 보 안 작은 멍석만한 물웅덩이에는 동그란 개구리 알이 덩이져 떠 있네. 바지를 걷어 올리고 물속으로 성큼성큼 들어서니 놀란 피라미 떼가 돌 틈으로 도망치는 것이 보여.

"잡자!"

신이 난 아이들은 아직 물이 차가운데도 고무신과 양말을 벗어 던지고 무릎께까지 차는 웅덩이로 뛰어들었어. 돌 틈을 더듬기도 하고 아예 돌을 들어 보기도 해. 얼마 지나지 않아 저쪽 귀퉁이에서 조심조심 돌을 들어내던 한 아이가 소리쳤어.

"가재다!"

집게발이 제법 무서운 수컷 가재가 손끝에서 벗어나려고 버둥거리고 있어. 하지만 어렵사리 첫 수확을 거둔 아이가 그걸 순순히 놓아줄 리가 없지. 몸통을 꽉 쥐고는 입이 귀에 걸려서 동무들한테 마음껏 흔들어 보이는 거야.

그걸 보고 마음이 급해진 아이들은 너도 나도 가재를 잡으려고 수선을 떨기 시작해.

구경하고 있던 여자아이들까지 들어서자 작은 웅덩이 안은 금세 발 디딜 틈이 없어졌어. 아이들이 온갖 풀과 바위를 다 들쑤시고 다니니까 웅덩이 물은 순식간에 흙탕물이 되었지. 그 바람에 돌 밑을 더듬던 한 아이는 가재 집게발에 손가락을 물려 비명을 질렀어.

"안 되겠다. 흙탕물이 가라앉고 나면 잡자!"

꾀가 난 아이들은 웅덩이에서 나와 쉬면서 물이 맑아지기를 기다렸어. 흙이 좀 가라앉고 나서는 손 빠른 몇 명만 뽑아서 다시 가재를 잡기 시작했지. 결국 좁은 웅덩이에서 도망도 못 가고 숨어 있던 가재들은 아이들 손에 줄줄이 잡혀 나왔어. 그 가운데에는 꼬리에 알을 실은 암컷 가재도 있었어.

한껏 신이 난 아이들은 개울을 따라 올라가면서 가재를 잡았어. 바윗돌과 나뭇가지, 거미줄이 앞을 가로막았지만 모두들 곧잘 개울을 탔지. 한참 뒤에는 개울이 시작되는 작은 샘에 닿았는데 그곳에도 땅바닥 낙엽 밑에 가재가 있었어.

짓궂은 아이들은 잡은 가재를 갖고 놀았어. 가재끼리 싸움을 붙이기도 하고 납작한 바위 위에 자기가 잡은 가재를 올려놓고 달리기 시합을 시키기도 했지. 그러고 나서는 큰 놈만 골라 구워 먹기로 하고 작은 놈들은 다시 개울에 풀어 주었어. 그래도 아이들은 가재를 한 바가지나 잡아서 신이 났고 처음으로 개울 끝까지 가 보아서 마음까지 뿌듯했어. 그야말로 '도랑 치고 가재 잡고' 였던 거야.

감 따기, 밤 따기

감 따기, 밤 따기

여름 장마가 끝나고 찬바람이 솔솔 불면 감나무에 달린 감이 하나둘 홍시가 되기 시작해. 학교를 다녀와서 배가 고픈 아이들은 그 홍시를 따 먹지 않고는 견딜 수가 없었지. 가방을 벗어 던지고는 비를 맞지 않게 헛간 서까래 밑에 걸쳐 둔 장대를 들고 감나무 밑으로 달려가는 거야.

장대로 쓰는 대나무는 가늘면서도 긴 것이 좋아. 너무 두꺼우면 무거워서 감을 딸 때 금방 팔이 아파 오거든. 만드는 방법은 간단해. 긴 대나무 밑동 부분에서 딱 절반이 되는 곳을 마디 한 개 정도 길이로 가르는 거야. 그리고 양쪽을 비스듬하게 깎거나 쳐내서 알맞게 긴 나뭇가지를 끼운 다음 대나무가 더 갈라지지 않게 끈이나 말린 칡덩굴로 단단히 묶어 주면 돼.

장대로 감을 따는 법은 어렵지 않아. 장대 끝을 감이 달린 가지 안쪽에 깊이 끼워서 살살 돌려 꺾는 거야. 감을 딸 무렵에는 가지에 물기가 적은데다가 감 무게까지 실려서 살짝만 돌려도 잘 꺾이거든. 자, 이젠 감이 달린 가지가 걸린 장대를 내리기만 하면 돼. 이때 장대를 잘 받치지 못하면 기껏 딴 감을 떨어뜨릴 수도 있으니까 조심해야 해. 곧 손에 잡힐 듯했던 감이 코앞에서 터지면 얼마나 아깝겠어.

밤 따기는 감 따기보다 훨씬 쉬워. 가늘고 단단한 대나무를 골라 말려 두었다가 가을에 장대로 쓰는데, 그 가운데서도 낭창낭창 휘어지지 않는 것으로 밤송이 달린 가지를 잘 겨냥해서 후려치면 돼. 밤송이가 땅에 떨어지면 벌어진 부분을 막대나 발로 벌리면서 쓱쓱 비벼 잘 익은 알밤을 꺼낼 수 있어.

하지만 쉬운 일이라고 함부로 덤비면 낭패를 보기 십상이야. 밤송이는 가시투성이여서 행여나 몸에 맞으면 아주 따갑고 아파. 그래서 어른들은 밤나무 밭에서는 얼굴을 들고 밤나무를 올려다보지 못하게 했어. 나무에 올라가는 것도 위험해. 나무껍질이 미끄러운데다가 떨어지는 밤송이를 피하려다 자칫 나무 밑으로 떨어지기라도 하면 큰 사

고가 날 수도 있으니까. 밤 따러 갔다가 자기도 모르게 밤송이에 찔리기도 해. 가시가 크기는 작아도 박히면 몹시 거슬리고 아파서 곧바로 바늘로 파내는 사람도 있는데, 잘 아는 사람은 무던히 참아 내지. 아무리 깊이 들었던 가시라도 며칠만 지나면 저절로 나오는 걸 알거든.

어릴 적, 우리 집 사립문 옆에 제법 큰 단감나무가 한 그루 있었어. 바로 밑에 돼지우리가 있어서 그 거름을 빨아 먹고는 가을이면 주먹보다 큰 단감을 주렁주렁 달았지. 가을이 성큼 다가올 무렵, 나는 학교에서 돌아오기만 하면 할머니 말마따나 날다람쥐처럼 감나무를 타고 올라 잘 익은 단감을 따 먹었어. 누나도 작은형도 못하는 재주를 부리면서 조금은 뻐겼던 기억이 나.

그런데 이 날다람쥐도 꼼짝 못하는 상대가 있었으니, 바로 할아버지셨어. 감나무 타는 걸 아주 싫어하셔서 내가 감나무를 탈 때마다 크게 화를 내셨거든. 어떤 날은 나무에 올라가 있는 손자 엉덩이를 장대로 쿡쿡 쑤셔 대다가 할머니와 크게 다투신 적도 있었지. 할아버지 말씀은, 감나무라는 게 사람 손을 타면 홍시가 더 많이 생기고 나무에도 안 좋으니 올라가지 못하게 하신다는 것이었어. 그 말씀을 듣고도 할아버지 혼자 감을 다 따 먹으려고 거짓말한다는 생각이 들어 할아버지를 원망했지. 어린 나이만큼이나 그때는 참 철없고 어리석었지 뭐야.

게 잡기

게잡기

우리나라 서해안에 가 보면 바닷물이 빠진 다음 갯벌이 생기는 것을 쉽게 볼 수 있어. 바위에는 굴과 고둥, 바닷말 들이 붙어 있고, 개흙에는 망둑어와 게, 조개 들이 숨을 곳을 찾아 아우성이지.

바닷물이 밀려오는 밀물에서 빠져 나가는 썰물이 되기까지는 여섯 시간이 걸려. 하루에 밀물과 썰물이 두 번씩 번갈아 들어오고 나가는 셈이지. 썰물이 되면 갯마을 사람들은 너도나도 양동이를 들고 갯벌로 나와. 바지락이나 굴, 꼬막 같은 조개들을 캐거나 미역, 톳, 파래, 우뭇가사리를 따려고 말이야. 바닷물이 들고 나는 시간도 있어서 갯벌에서 일할 수 있는 시간은 얼마 안 돼. 그래서 그 서너 시간 동안 어른들은 바쁘게 일손을 움직이는 거야.

방학이나 일요일이면 아이들도 따라 나와 조개를 캐거나 게를 잡아. 개흙을 가만히 들여다보면 조그만 구멍에서 물방울이 솟아나는 게 보여. 그곳을 파 보면 영락없이 조개나 게가 숨어 있지. 포장마차에서 삶아 파는 갯고둥은 아예 널려 있고, 작은 소라처럼 생긴 대수리도 바위에 다닥다닥 붙어 있어서 손쉽게 많이 잡을 수 있어.

하지만 뭐니 뭐니 해도 아이들이 가장 좋아하는 건 게 잡기야. 개흙 바닥에는 게가 숨어 있는 구멍이 여기저기 나 있어. 게들은 떼를 지어 다니다가도 사람이 조금만 다가가면 낌새를 알아채고 어느새 구멍으로 잽싸게 숨어 버리지. 구멍을 파고 게를 찾다가 게 집게발에 손가락을 물려 펄쩍펄쩍 뛸 때도 있어. 그래도 게 잡기는 숨바꼭질을 하는 것처럼 찾는 재미가 있어.

우리나라 갯벌에는 칠게, 갈게, 달랑게, 무늬발게, 농게, 도둑게, 방게, 밤게, 범게처럼 여러 가지 게가 살아. 갈대밭이나 모래 갯벌, 민물이 흘러드는 갯고랑 둘레에도 살지만 대부분 바다에서 굴을 파고 살지.

사람들이 게장이나 튀김을 해서 먹는 게는 칠게와 갈게, 무늬발게 같은 것들이야.

지금은 꽃게로 게장을 담그지만 전에는 작은 바닷게로도 게장을 많이 담갔어. 아주머니들이 한 동이씩 머리에 이고 해산물을 맛보기 어려운 내륙 지방을 찾아다니면서 "게장 사이소!" 외쳤지. 짭조름하고도 고소하니 감칠맛 나는 게장은 밑반찬으로 인기였거든. 잘 담근 게장은 밥도둑이 따로 없을 정도라고 해.

도둑게는 여기저기 돌아다니기를 좋아해서 사람들 눈에 잘 띄어. 바닷가 습지, 강어귀, 숲을 가릴 것 없이 안 가는 곳이 없지. 이따금 집 안에까지 들어와 사람이 먹는 음식을 훔쳐 먹어서 그런 이름이 붙었대. 우리나라에만 있다는 범게는 다리에 얼룩무늬가 있고 등에는 눈처럼 보이는 까만 점이 두 개 있는데 정말 범을 많이 닮았어.

신나게 게를 잡다 보면 금세 배가 고파지기 마련이야. 그럴 땐 돌로 굴 껍데기를 톡톡 깨뜨려서 굴을 까먹어. 짭짤하면서도 입에 착 달라붙는 그 맛에 입가가 개흙투성이가 되는 줄도 몰라.

어느새 밀물이 밀려들 시간이야. 바닷물이 차오르기 전에 서둘러 나가야 해. 밀물이 들어오는 시간은 썰물이 빠져 나가는 시간보다 훨씬 짧거든. 그래서 어른들은 항상 물때를 잘 알아보고 갯일을 해야 한다고 하시지.

고기잡이

고기잡이

물속에서 헤엄치는 물고기를 보면 잡고 싶은 마음이 들지? 하지만 무턱대고 나섰다가는 고작 피라미 한 마리도 손에 넣기 어려워. 물고기를 잘 알아야 쉽게 많이 잡을 수 있지. 어떤 물고기가 어디에 사는지, 어디에 숨기 좋아하는지를 말이야. 또 철마다 잡히는 물고기가 달라. 그래서 물고기를 잡는 방법도 철마다 다르지.

봄이 되어 봇도랑으로 물이 흐르면 아이들은 마냥 신바람이 났어. 이렇게 물꼬가 터지면 알을 낳으려는 물고기들이 밤새 논으로 들어오거든. 벌써 며칠 전부터 고기 잡을 톱과 소쿠리를 챙기고 불을 밝힐 홰를 준비하느라 집 안팎을 들쑤셔. 물고기를 잡는 데 톱이 왜 필요하냐고? 얇은 톱으로 물을 내리치면 물의 저항을 거의 받지 않고 물고기를 잡을 수 있거든. 또 달 없는 밤에 물꼬마다 모여든 굵은 물고기들을 잡으려면 홰를 챙겨 가야지. 밤이 한창 깊었을 때 아이들은 봇도랑으로 나갔어. 횃불을 밝히자 여기저기 잠자는 물고기들이 보여. 발을 담가도 차갑지는 않지만 봇도랑 물은 톱을 내리치기에는 깊어서 논으로 들어가는 물꼬 쪽으로 발길을 돌렸어. 발목까지 차는 물인데도 팔뚝만한 메기가 들어와 있잖아. 신바람이 난 아이들은 자꾸만 톱을 내리쳤지.

여름이 오는 건 아이들이 어른들보다 먼저 알았어. 아직 물이 따뜻해지기도 전에 퐁당퐁당 냇물 속으로 들어가 사는 거야. 물고기들이 '날 잡아 잡수' 하고 돌아다니는데 그냥 멱이나 감고 있을 수는 없지. 모두들 작살, 물안경, 비닐 어항을 들고 나와 물고기를 잡으면서 하루를 보냈어. 큰 아이들이 깊은 소나 물살이 센 여울에서 고기를 잡으면 조무래기들은 물이 따뜻한 가장자리에 어항을 놓았어. 어항은 그릇이나 옹기 입을 비닐로 막은 다음 고기가 들어갈 만하게 구멍을 뚫어서 만드는데, 안에 된장을 넣어 두면 제법 큰 피라미도 잡을 수 있지. 홍수가 나면 물고기들은 거친 물살을 피해 수풀이 우거진 가장자리로 나와. 이때 소쿠리를 받쳐 놓고 발로 더듬으면 퉁사리나 붕어가 심심찮게 걸려들고, 재수가 좋으면 시커먼 장어가 잡히기도 해.

가을에는 여름 내내 고기를 잡은 뒤끝이라 한동안 시들해. 찬바람이 돌아 살이 오른 참게를 잡는 것만 열심이었지. 가늘고 긴 대나무 끝을 벌려 미꾸라지 미끼를 끼우고 질긴 나무뿌리로 올가미를 묶은 낚싯대를 게 구멍에 넣고 살살 꾀면 참게가 덥석 물기 마련이야. 하지만 벼가 영글어 물꼬에 물을 뗄 때면 사정이 달라져. 아이들은 또다시 봄처럼 횃불과 톱을 들고 봇도랑으로 나갔어. 이때는 논의 물꼬보다 봇도랑에 물고기가 많이 모여 있어 톱을 쓸 일도 없어. 그냥 주워 담으면 될 만큼 고기가 많으니까.

겨울은 물고기도 아이들도 잠잠할 것 같지만 안 그래. 물고기 맛은 겨울이 최고라는 것은 이미 경험으로 알고 있거든. 꽁꽁 언 내에 나가 큰 쇠망치로 얼음 위로 드러난 돌을 힘껏 내려친 다음 돌을 들어 보면 어김없이 피라미, 징거미, 빠가사리가 기절해 널브러져 있었어. 이것을 '메방 치기' 라고 하지. 쇠망치가 없는 아이들은 깊이 박히지 않은 돌을 빼서 메방을 놓았어. 이렇게 한나절 고기를 잡노라면 물에 젖은 손발은 붉어지다 못해 피가 배어 나올 것 같았지만 모두 싱글벙글 입을 다물 줄 몰라. 이제 조무래기들이 피워 놓은 불을 쬐면서 고기를 구워 먹는 일만 남았으니까 말이야.

깃대 세우기

깃대 세우기

긴긴 여름날, 원두막에서 혼자 수박밭을 지키고 있으면 심심하기 짝이 없어. 그럴 때면 원두막 밑으로 내려가서 누나가 가르쳐 준 대로 깃대 세우기 놀이를 했지. 모래흙을 쓸어 모아 가운데에 풀 줄기를 꽂아 놓고 오른손 한 번, 왼손 한 번 번갈아 가면서 흙을 빼내는 거야.

마침 자전거를 타고 가는 동무가 보이기에 불러들였어. 둘이 하니까 꽤 재미있네. 조금 있다가 토끼풀 뜯으러 바구니를 끼고 지나가는 또래 아이들을 또 꾀었지. 여럿이 가위바위보로 차례를 정하고 하려니까 한 차례 채 돌기도 전에 풀 줄기가 쓰러져 버리지 뭐야. 하지만 몇 번 되풀이하니까 요령이 생겨. 앞 차례 동무가 아슬아슬 흙을 덜어 낼 때는 가슴이 두방망이질을 하는 것 같았지.

재미를 붙인 아이들은 도무지 일어날 낌새가 보이지 않아. 서로 골탕을 먹이다 보니 오기도 생기는 거야. 결국 아이들은 하루 종일 깃대 세우기를 하다가 장에 내다 팔 수박을 두 통이나 해치우고는 저물녘에야 원두막을 떠났지. 다음날 어머니는 수박 밭 지키라고 했더니 동무들 데려다가 인심만 썼다면서 꿀밤을 먹였어. 그래도 동무들이랑 재미있게 놀았으니 수박 값은 되었지 뭐.

깃대 세우기를 하려면 먼저 흙이나 모래를 한 무더기 쌓아야 해. 이때 손으로 꽁꽁 다져 쌓으면 놀이를 오래 할 수 있어. 여럿이 힘을 합해 흙을 다져서 동그랗게 무더기를 만들고 나면 그 꼭대기에 깃대로 삼을 나무 막대기를 꽂아. 나무 막대기를 구하기 힘들면 풀 줄기나 나무젓가락이라도 괜찮아. 꽂고 나서 흙이 쉽게 무너지지 않게 다시 한 번 손이나 발로 꽁꽁 다져 주면 돼.

이제 차례를 정하고 돌아가면서 깃대 둘레 흙을 조금씩 걷어 내는 거야. 처음에는 용감하게 쓱쓱 걷어 내지만 깃대에 가까워질수록 점점 손이 오그라들지. 쩨쩨하게 흙을 가져가는 시늉만 하는 아이도 있는데, 그런 아이는 비난을 받기 마련이야. 아무리 놀이라고 해도 정정당당하게 해야 다음번에도 함께 놀고 싶은 법이거든. 깃대가 드러날 만큼 흙을 가져가도 운 좋게 깃대가 쓰러지지 않을 때도 있어. 이렇게 흙을 덜어 내다가 깃대를 쓰러뜨리면 놀이에서 지는 거야. 놀이에서 이기려고 애를 쓰다 보면 자연히 조심스러운 움직임이 몸에 배게 돼.

이 깃대 세우기는 오래 전부터 이어져 내려온 우리 전통 풍습에서 비롯된 거래. 농가에서는 정월 대보름 전날에 볏가릿대 세우기를 했어. 장대 끝에 벼, 기장, 피, 조 같은 곡식 이삭을 달아 처마 앞에 세우는 거야. 그해 농사가 잘되어 노적가리가 볏가릿대만큼 높이 쌓이기를 바라는 마음을 담아서. 아이들은 이 볏가릿대 둘레를 빙글빙글 돌면서 노래를 불렀어. 볏가릿대는 보름쯤 세워 두었다가 이월 초하룻날 거두어들였지. 익산 지방에서는 정월 대보름 전날 깃대를 만들고 보름날 지붕에 꽂을 때 팔랑개비를 만들어 달았다고 해. 그러면 돌림병이 도는 것을 막을 수 있다고 믿었어. 요즘 시골에서는 이런 풍습을 찾아볼 수 없지만, 깃대 세우기는 아직도 남아 있지.

나무 오르기

나무 오르기

어느 지방이든 생긴 지 좀 오래된 마을에는 큰 정자나무가 있어. 어른들은 큰 나무에는 신이 내려 붙어 있어서 잘 보살펴야 한다고 믿었지. 그래서 아이들한테 큰 나무에는 올라가지 말라고 타이르고는 했어.

하지만 아이들은 어른들이 말릴수록 더 마음이 솔깃해져서 안 해 보고는 못 배기나 봐. 언제부턴가 마을 들머리에 있는 큰 느티나무 꼭대기까지 올라가면 마을에서 제일 용감한 아이가 될 수 있다는 소문이 돌았던 거야. 그러면 나이 많은 형들 편에 한몫 낄 수도 있고, 총싸움이나 칼싸움에서 대장 노릇도 할 수 있었지.

시골 아이들이란 예닐곱 살 때부터 홍시를 따느라 감나무를 오르내려서 어지간해서는 겁날 것도 없어. 하지만 느티나무는 감나무보다 열 배는 더 크잖아. 아이들 셋이 팔을 벌려야 안을 수 있는 둥치에다 쭉쭉 뻗은 나뭇가지들은 밑에서 보기에도 가물가물했지. 그러니 아무도 선불리 달려들 엄두를 내지 못했던 거야.

나무 오르기는 정해진 방법이 있는 건 아니야. 흔히 둥치에 몸을 붙이고 두 다리로 버티면서 오르거나 가지를 잡고 올라가. 높은 나무에 오르면 무서워서 다리가 오들오들 떨려. 그래도 자꾸 오르면서 담력을 기르는 거야. 나무에 오를 때는 잠시도 마음을 놓아서는 안 돼. 그리고 잡거나 밟을 것이 썩은 삭정이는 아닌지 잘 살펴야 해.

유월이 되고 들에 보리타작이 한창일 때였어. 달이 휘영청 떠오른 밤, 달빛에 이끌리듯 느티나무 아래로 모여든 아이들은 높게 쌓인 보리 짚가리를 보고 눈이 번쩍 뜨였지. 떨어져도 다치지 않을 수 있다면! 아이들 생각은 한 가지로 모였어. 나무 위에 올라가 보자!

땀이 고인 고무신을 벗어 발바닥에 흙을 쓱 문지르고는 손에 침을 탁 뱉어 비빈 다음 나무를 기어오르기 시작했어. 손으로는 둥치를 붙잡고, 발로는 몸을 받쳤어. 아이들이 위로 밀어 올려 주자 조금씩 올라갈 수 있었지. 얼마나 용을 썼는지 가지가 갈라진 곳에 닿았을 때는 온몸이 땀범벅이 되었어.

잠시 숨을 고르다가 다시 오르기 시작했어. 올라갈수록 손으로 잡을 수 있는 가지가 많아서 힘은 덜 들지만 그만큼 위험하기도 해. 잡았을 때 무게를 버틸 수 있는 가지인지, 아니면 썩어서 쉽게 부러질 가지인지 가리면서 올라가야 하지.

잠깐 아래를 내려다보니 다른 아이들은 한참 밑에서 올라오려고 기를 쓰고 있어. 순간 아찔하고 어지러운 느낌이 들어서 가지를 잡은 손을 놓칠 뻔했지 뭐야. 가슴이 철렁 내려앉는 바로 그 순간, 엎친 데 덮친 격으로 어른들이 오는 소리가 들렸어. 쉬잇! 아이들은 숨을 죽인 채 어른들이 지나가기를 기다렸지만 어른들은 저쪽에서 이미 다 보았나 봐.

"이놈들아, 그러다가 떨어지면 팔 부러지고 머리 깨진다!"

"맨 위에 있는 놈부터 뛰어내려 봐라."

혼이 날 줄 알았던 아이들은 안도의 한숨을 내쉬었고 맨 위에 있던 나는 용기를 내어 풀썩 뛰어내렸어. 보릿짚은 정말 푹신해서 하늘을 나는 기분이 바로 이런 것이구나 하는 느낌이 들었지. 그걸 보고 어른들이 떠나면서 말했어.

"허허 녀석들, 간이 크기로서니!"

어른들이 지나가고 나서도 한참 동안이나 우리는 나뭇가지에서 보릿짚 깔판에 뛰어내리는 놀이를 하다가 집으로 갔지.

눈사람 만들기

눈사람 만들기

밤새 하얀 눈이 내려 소복하게 쌓인 아침이면 아이들은 마냥 좋았어. 마당에 쌓인 눈 위를 뛰어다니면서 발자국을 내다가 그림책에서 본 멋진 눈사람을 만들 생각을 했지.

눈사람을 만들려면 먼저 눈덩이를 커다랗게 굴려야 해. 눈을 꼭꼭 다져서 둥글게 만들어 눈 위에 슬슬 굴리다 보니까 어느새 혼자서는 굴리기도 힘든 커다란 눈덩이가 되었어. 이 눈덩이는 눈사람 몸통으로 쓸 거야.

머리로 얹을 눈덩이는 크지 않아도 되니까 더 쉬워. 그런데 마당에서 눈덩이를 굴리니까 눈과 함께 흙이 달라붙어서 얼룩덜룩해. 이럴 때는 장독대나 담장 같은 곳에 쌓인 눈을 모아서 겉을 감싸면 돼. 그래야 하얗고 보기 좋거든.

작은 눈덩이가 머리통만 해지면 몸통 위에 올려놓고 머리랑 몸통 사이를 눈으로 단단히 붙여 줘야 해. 안 그러면 센 바람에 흔들리거나 햇볕에 녹아 머리가 떨어질 수도 있으니까.

이제 눈사람 얼굴에 눈, 코, 입을 붙여 줘야지. 눈 속을 파헤쳐 가면서 구해 온 나뭇가지, 돌멩이, 병뚜껑을 붙이면 멋진 얼굴을 만들 수 있어. 마지막으로 긴 나뭇가지 두 개를 몸통 양쪽에 꽂고 못 쓰는 장갑을 끼우면 팔까지 달린 눈사람이 가뿐히 완성! 머리에 헌 모자를 씌우고 목도리를 둘러 주면 훨씬 더 멋져.

눈이 자주 오지 않는 지방에 사는 아이들은 싸락눈이라도 내리면 괜스레 마음이 들떠. 그래서 겨울 방학 내내 목을 빼고 눈을 기다리는 거야. 어느 해인가는 몇 년 동안 모아 둔 눈이 한꺼번에 내리듯이 함박눈이 펑펑 쏟아진 적이 있었어. 집 뒤에 있는 대밭에서는 밤새도록 내린 눈 무게를 견디다 못해 대나무들이 뚝뚝 부러지는 소리가 들렸지.

아침이 되자마자 발목이 푹푹 빠질 만큼 쌓여 있는 눈 세상으로 뛰어나온 아이들은 좋아서 어쩔 줄 몰랐어. 골목길에서는 형들끼리 눈싸움이 벌어졌고 또래 녀석들은 눈덩이를 굴리고 있었지. 눈덩이를 갓 굴리기 시작했을 때는 둥글게 굴러가지 않고 자꾸 모가 나게 뭉쳐져. 그래도 손으로 다져 가며 부지런히 굴렸더니 마당에서 굴리기 시작한 눈덩이가 골목길을 나올 즈음에는 한 아름이 넘게 커졌지. 눈덩이가 커질수록 내리막에서도 오르막에서도 굴리기가 힘이 들어. 동무랑 같이 힘을 모아 굴리니 금세 목적지인 동네 빈터에 다다랐어.

조무래기들도 하나 둘 작은 눈덩이를 굴리며 빈터로 모여들었어. 눈덩이 굴리기가 힘에 부쳤던 조무래기들은 멋진 생각을 해냈어. 우리가 만든 큰 눈덩이는 몸통으로 하고 자기들이 만든 작은 눈덩이는 머리로 쓰자는 거였지. 눈 깜짝할 사이에 빈터 한쪽에는 삐딱삐딱 우스꽝스러운 눈사람이 열 개도 넘게 생겼어. 그 모습을 대수롭지 않게 보고 있던 큰아이들도 마음을 바꾸고 나서자 곧 스무 개도 넘는 눈사람이 나란히 줄을 섰어.

그런데 말이야, 그렇게 많은 눈사람도 하나씩 살펴보면 누가 만들었는지 대번에 표가 나는 거야. 남자아이, 여자아이, 덩치가 큰 아이, 작은 아이……. 참 신기하지? 눈사람이 만든 사람을 닮다니! 그 앞을 지나가던 어른들도 발걸음을 멈추고 구경을 했어. 스무 개가 넘는 눈사람 무리들은 다 녹아 없어지고 나서도 한참 동안이나 우리 마을 명물로 입에 오르내렸지.

눈싸움

눈싸움

밤새 내린 함박눈으로 온 세상이 하얗게 덮이면 아이나 어른이나 마냥 기뻐. 이런 저런 일로 마음이 상해서 이불을 뒤집어쓰고 있던 아이들도 눈을 보면 가슴이 두근거려 가만히 있을 수가 없어. 골목길에는 마음이 들떠 일찍 나온 아이들이 눈덩이를 굴려 눈사람을 만드느라 떠들썩해. 한편에서는 서로 집적거리면서 을러대는 것이 한바탕 눈싸움을 벌이려나 봐.

눈싸움 규칙에는 여러 가지가 있어. 두 편이 눈사람을 하나씩 만든 다음 서로 눈덩이를 던져 먼저 머리를 떨어뜨리는 편이 이기는 것도 있고, 상대편이 던진 눈덩이에 맞으면 죽는 것으로 쳐서 살아남은 사람 수로 승부를 내는 것도 있어. 또 눈덩이를 던져서 상대편을 밀어붙여 진지를 뺏고 깃대나 눈사람을 빼앗는 것도 했어. 이 가운데 어느 한 가지 놀이만 하는 일은 별로 없었어. 한 번 겨루고 나면 진 편에서는 어떻게든 상대편을 이겨 보려고 다른 놀이로 바꾸어서 하자고 먼저 얘기를 꺼냈으니까 말이야.

우리 마을은 도랑을 사이에 두고 동촌과 서촌으로 나뉘어 있었어. 그래서 아이들은 자연스럽게 동군, 서군으로 편을 나누어서 아름드리 소나무가 울창한 마을 뒷산으로 갔지. 마을에서 좀 떨어져 있어 어른들 간섭도 받지 않고 소나무 사이에 몸을 숨기기도 좋아서 눈싸움하기에는 안성맞춤이었거든. 혹시 또래 가운데 빠진 사람이 있는지 두리번두리번 찾고 부르며 달려가는 모습이 예사롭지가 않아. 꼭 전쟁터에 나가려고 군사를 모으는 것 같아.

아이들은 자기편 대장을 뽑고 어떤 눈싸움을 할 것인지 정했어.

"눈덩이에 맞으면 죽는 걸로 하고, 먼저 상대편 깃대를 빼앗으면 이기는 것으로 하자."

동군은 솔방울이 달린 솔가지를 깃대로 정하고, 서군은 솔방울이 없는 솔가지를 깃대로 정했어. 조무래기 둘을 한 명으로 치니까 군사 수도 서로 엇비슷해. 대장들은 눈덩이 속에 돌을 넣어 뭉치는 것을 반칙으로 정하고 자기편 진지로 돌아가서 작전을 짰어.

눈덩이를 많이 뭉쳐서 진지 앞에 쌓아 두고 마침내 싸움이 시작되었어. 나무를 방패로 삼아 저만치서 이리저리 움직이는 적군을 맞히기는 무척 힘들어. 하지만 벌써 쏜살같이 적군 진지 앞까지 다가간 우리 편 군사도 있어. 적군도 우리 진지로 많이 치고 들어 왔어. 이렇게 뒤엉켜 버리니까 어디에서 눈덩이가 날아올지 통 모르게 되어 버렸지. 용감한 우리 대장이 적군 진지에서 깃대를 뽑아 나오다가 눈덩이를 맞았는데 다른 군사가 잽싸게 채 와서 마침내 우리가 이겼어.

눈에 맞아도 잘 다치지는 않기 때문에 눈싸움은 자연 거칠어지기 마련이야. 그래서 처음에는 마구 눈덩이를 던져 대다가 결국은 서로 뒤엉켜서 눈밭을 뒹굴며 몸싸움을 벌여. 흙바닥이었으면 다칠 수도 있지만 눈밭 위여서 마음껏 뒹굴어도 상처 하나 입지 않았어. 머리고 옷이고 온통 눈을 뒤집어쓰고는 숨을 헐떡거릴 때마다 입에서 김이 펄펄 나는 걸 보면 서로 웃지 않고는 배겨 낼 수가 없었지. 요즘도 눈 쌓인 겨울날이면 동무들과 함께 뒹굴고 노느라 하나도 춥지 않았던 어린 시절 그 겨울이 그리워지네.

돌싸움

돌싸움

예전에는 어디에 가든지 마을 어귀마다 돌무더기가 있는 걸 쉽게 볼 수 있었어. 아이들은 꼭 손아귀에 들어갈 만한 돌을 왜 그렇게 쌓아 놓았는지 궁금해했지만 어른들이 하는 대로 오며 가며 무심코 돌을 던졌지. 그 돌무더기들은 1970년대에 새마을 운동* 을 할 때 길을 넓히느라 거의 다 없어졌어. 지금은 시골 골목길까지 모두 시멘트로 포장해서 돌무더기는 흔적조차 찾을 수 없게 되었지.

하지만 그 돌무더기들은 우리나라 역사에서 아주 소중한 가치를 지니고 있어. 옛날 사람들은 칼이나 창 없이도 자기가 사는 마을을 스스로 지켜 냈거든. 보통 때에 돌 던지기 기술을 닦아 두었다가 마을 어귀에 쌓아 둔 돌무더기 돌을 던져서 외적을 막아 낸 거야. 언뜻 생각하기에는 돌싸움이 위험하기 짝이 없어서 절대로 하면 안 되는 놀이 같지만, 예전에 '우리 마을은 우리가 지킨다' 는 크나큰 마음으로 하던 놀이이자 뜻깊은 군사 훈련이었지.

고구려에서는 정월이면 마을마다 두 패로 나뉘어 정해진 거리만큼 떨어져서 마주 보고 돌을 던져 겨루었다고 해. 고려에서는 단옷날 돌싸움을 벌였는가 하면 돌팔매질을 잘하는 사람들로 이루어진 '석투' 라는 군대도 있었어. 조선 시대에도 '척석군' 이라는 돌팔매 군대가 있어서 임금 앞에서 돌팔매질 시합을 해 보이기도 했대.

김해, 안변, 의주는 돌싸움으로 이름난 곳이야. 지도를 한번 살펴봐. 외적이 쉽게 침략해 들어올 수 있는 길목이라 더 열심히 할 수밖에 없었겠지? 사람들이 얼마나 돌팔매질을 잘했는지, 어느 전쟁에서는 활보다 더 큰 힘을 떨치기도 했대. 돌팔매질로 호랑이나 멧돼지처럼 사나운 짐승도 거뜬히 잡을 정도였으니까.

하지만 좋지 않은 일도 가끔 있었어. 서로 마주 보고 돌을 던지니까 다치는 사람이 생기기 마련이잖아. 이번에 자기 마을에서 크게 다치는 사람이 나오면 그 이듬해에는 앙갚음을 하려고 더 거칠게 싸움을 걸지 않겠어? 이런 일을 해마다 되풀이하다 보면 이웃 마을끼리 사이가 나빠지기도 하지. 그래서 어쩔 수 없이 나라에서 돌싸움을 못하게 하기도 했대. 하지만 엄하게 다잡아도 돌싸움을 막을 수는 없었어. 외적이나 도적이 쳐들어오면 군대가 오기도 전에 온 마을은 쑥대밭이 되어 버렸거든. 그러니까 살아남기 위해서라도 사람들은 돌팔매질을 익혀 놓아야 했지.

돌싸움을 하는 단옷날이 가까워 오면 마을 청년들은 이웃 마을 청년들을 미리 만나서 싸움할 장소와 규칙을 정했어. 마침내 싸움 날이 되어 돌이 가득 든 보자기를 둘러멘 청년들은 전쟁터에 나가는 군사 같은 기세로 산등성이를 올랐어. 마을 청년들이 이기고 돌아오면 마을에서는 다음 단오까지 큰소리치고 지내게 되었다며 한바탕 잔치를 벌여 축하해 주었어. 반대로 싸움에 진 마을은 그야말로 초상집 분위기였지. 한 해 동안은 코가 납작해져 지내야 하는데다가 동네 처녀들한테도 웃음거리가 되었거든.

아이들은 마을 형들처럼 돌팔매질을 잘해서 영웅이 되고 싶었어. 그래서 이따금 나무나 깡통에 돌팔매질을 하면서 솜씨를 뽐낼 날을 기다렸지. 하지만 마을 청년들이 하나 둘 도시로 떠나면서 돌싸움은 어느새 사라져 버리고 말았어.

* **새마을 운동** 부지런히 일해서 살기 좋은 마을을 만들자고 정부가 앞장서서 벌인 운동.

두꺼비 집 짓기

두꺼비 집 짓기

장난감이 귀했던 시절에 아이들은 온종일 흙에서 놀았어. 부모님이 일하는 논밭에 따라가서도, 형이나 누나랑 놀 때에도, 흙을 장난감 삼아 주무르고 노는 거야.

아이들이 고사리 같은 손을 이리저리 놀리면 흙은 어느새 꾸불꾸불한 자동차 길이 되기도 하고 제멋대로 생긴 탑이 되기도 해. 때로는 성을 쌓아 나뭇가지에 헝겊을 맨 깃발을 꽂거나 고무신으로 문질러 매끈한 길을 만들기도 하지.

재미있게 놀다가 지겨워지면 금방 무너뜨리고 얼마든지 다른 놀이로 바꾸어 할 수 있는 게 흙 놀이의 좋은 점이야. 하지만 이제 예닐곱 살 먹은 아이가 흙으로 할 줄 아는 놀이라고는 몇 개밖에 없었지. 흙장난이 시들해져 트집을 부릴 무렵 누나는 그때까지 본 적도 들은 적도 없는 놀이를 가르쳐 주었어.

"두껍아, 두껍아, 헌 집 줄게 새 집 다오."

누나는 노래를 부르면서 한 손을 바닥에 대고 다른 손으로 손등 위에 젖은 모래를 끌어 모으며 토닥였어. 모래를 작은 동산마냥 모으고도 한참이나 다른 손으로 꾹꾹 눌러 주다가 묻힌 손을 살살 빼내니까 신기하게도 굴이 생겼어. 그게 바로 두꺼비 집이었던 거야.

이 놀이가 언제 생겨났는지는 알 수 없어. 지역에 따라 '부꿍아'라고 부르기도 하는데, '부꿍아, 부꿍아, 헌 집 줄게' 하고 노래를 시작하지.

두꺼비 집 짓기는 친구 없이 혼자서도 할 수 있어. 특히 예닐곱 살쯤 된 어린 아이들이 많이 하고 놀지. 다 큰 아이들도 여러 가지 이야기를 지어내 붙이면서 얼마든지 재미있게 놀 수 있는 놀이야.

두꺼비 집을 잘 만들려면 부드러운 흙이 있어야 해. 냇가 모래톱이나 마을 어귀에 깔린 흙을 조금 파 보면 밑에서 축축하고 부드러운 흙이 나오는데, 그 흙으로 누구나 멋진 두꺼비 집을 만들 수 있지. 축축한 흙 속에 손을 파묻으면 처음에는 기분이 좀 이상

해. 흙 무게가 느껴지면서 벌레 같은 것이 스멀스멀 기어가는 듯한 느낌도 들어. 이때 손을 조금만 꼼지락거려도 두꺼비 집에 금이 생겨서 무너지기 쉬워. 그러니까 절대로 손을 움직이지 말고 있다가 흙을 단단하게 다지고 난 다음 아주 조심스럽게 빼내야 돼.

두꺼비 집 짓기는 소원을 비는 놀이이기도 해. 놀이를 하면서 소원을 빈다니, 이상하지? 두꺼비 집에서 살며시 손을 빼낼 때 미리 정해 둔 소원을 빌면 더 마음을 졸이기 마련이고 그만큼 재미도 있어.

두꺼비 집을 다 만들고 나면 얼마든지 더 재미있게 놀 수 있어. 딱정벌레 같은 벌레를 잡아다 가두어 놓고 구경하는 것도 재미가 쏠쏠하지. 두꺼비 집은 동무들끼리 비밀 장소가 되기도 하고 악당을 물리치는 진지로 새 단장을 하기도 해. 풀, 나뭇가지, 돌 같은 것을 주워 입구를 가리고 맞은편에 두꺼비 집을 또 하나 지어서 두 집 사이에 굴을 뚫어 놓으면 악당이 쳐들어와도 끄떡없어. 여자아이들은 눈 깜짝할 사이에 두꺼비 집을 예쁘게 꾸미는 재주를 지녔지. 조개껍데기로 지붕을 씌우고 꽃과 나뭇가지로 뜰도 멋지게 만드는 거야. 거기다 연못까지 파서 물을 채우면 동화책 속 공주님도 부럽지 않은 멋진 집이 될걸.

물수제비뜨기

물수제비뜨기

봄날에 푸른 물이 넘실대는 저수지나 보가 있는 냇가로 가면 이상하게도 마음이 설레어. 바지를 걷고 들어가고 싶지만 아직 물은 차갑고, 그렇다고 물가에 와서 그냥 돌아가기는 아쉽지. 이럴 때 물수제비뜨기를 하면 아주 재미있어.

무거운 돌을 물에 던졌는데 퐁당 가라앉지 않고 물장구를 치면서 날아가는 것을 처음 보면 정말 신기해. 잘 던지면 마치 돌멩이가 물 위를 성큼성큼 걸어가는 것 같기도 해. 제비가 물을 차고 날아가듯 날렵하게 날아갈 때도 있어. 잘하는 사람, 못하는 사람 할 것 없이 다 같이 어울려서 물수제비뜨기를 하다 보면 냇가에는 어느새 웃음꽃이 활짝 피지.

물수제비뜨기를 하려면 먼저 둥글고 납작한 돌을 많이 주워 와야 해. 돌이 너무 크면 무거워서 멀리 가지 못하니까 손아귀에 쏙 들어오는 게 좋아.

돌을 던질 때는 돌이 물 겉면과 거의 나란히 날아가게 던지는 것이 중요해. 처음에는 물속으로 가라앉거나 하늘로 떠 버리기 일쑤지. 물 겉면에 돌을 살짝 튕겨 낸다 생각하고 던지면 한두 번이라도 튀게 돼. 자꾸 던지다 보면 요령이 생겨서 나중엔 제법 그럴싸하게 물수제비를 뜰 수가 있어.

초등학교 때 좀 멀리 이사를 가서 학교도 옮기게 되었지. 전학 온 지 얼마 되지 않아 냇가로 봄 소풍을 갔는데 마침 논에 물을 대려고 막아 놓은 보에 물이 넘실대고 있는 거야. 친한 동무도 없고 혼자 너무 심심한 나머지 물수제비뜨기를 하고 놀았어. 전에 살던 동네에는 큰 저수지가 있어서 늘 물수제비뜨기를 하고 놀았거든. 그만큼 꽤 잘하기도 했고 말이야.

그런데 그 동네 아이들은 물수제비뜨기를 잘 몰랐나 봐. 같은 반 동무가 옆에서 보고는 무척이나 신기해하는 거야.

"하나, 둘, 셋, 넷……. 와, 멋지다!"

돌을 던질 때마다 물 위에서 몇 번이나 튀는지 세면서 감탄을 하더라. 절로 신이 났지만 짐짓 모른 체하고 계속 물수제비를 떴지.

그런데 혼자 할 때는 잘만 되던 물수제비가 옆에서 보는 사람이 있으니까 손에 땀이 배어서 잘 안되잖아. 더 잘해 보고픈 욕심에 낯이 벌게져서 더 나은 돌을 주우려고 돌아섰다가 그만 놀라 자빠질 뻔했어. 혼자 보고 있던 동무가 어느 틈에 다른 아이들을 불러 모아서 제법 많은 아이들이 구경하고 있지 뭐야.

아이들은 나를 따라 물수제비를 떠 보려고 했어. 혼자서 해 보려고 용을 써도 처음이라 잘 안되니까 하나둘 다가와서 묻는 거야. 머쓱했지만 싫지는 않았지. 못 이기는 척 방법을 가르쳐 주다 보니 그전까지 서먹서먹했던 동무들이랑 금방 친해지게 됐어. 여자아이들은 돌이 몇 번 튀는지 세어 주고 남자아이들은 서로 자기가 더 많이 떴다고 자랑하면서 시간 가는 줄도 모르고 놀았지. 그날 이후로 우리 반 아이들은 모두 물수제비뜨기 도사가 되었어. 동무들한테 처음으로 물수제비를 가르쳐 준 나도 한동안 어깨에 힘을 잔뜩 넣고 으스대면서 다닐 수 있었지. 아직도 물만 보면 돌을 한번 던져 보고 싶어서 팔이 근질거려.

물싸움

물싸움

햇볕이 쨍쨍 내리쬐는 여름날이면 아이들은 냇물에서 살았어. 멱 감고 헤엄치고 물장난하느라 온몸이 새까맣게 그을리는 줄도 몰랐지. 여러 가지 물놀이 가운데서도 더위를 한 방에 날려 버릴 수 있는 놀이로는 물싸움이 제격이야. 서로 한바탕 물벼락을 안기고 나면 숨이 턱턱 막히던 더위도 눈 깜짝할 사이에 사라지지.

물싸움은 서로 조금 떨어져서 마주 보고 선 다음 손으로 물을 튀겨서 상대방이 얼굴을 돌리거나 물러나게 하는 놀이야. 그러니까 상대방 얼굴을 겨누고 물을 세게 튀겨 보내야 쉽게 이길 수 있지. 얼굴에 물을 많이 맞으면 눈도 못 뜨고 숨이 막혀 얼굴을 돌릴 수밖에 없거든.

물싸움을 해 보지 않은 사람은 처음에 물을 손으로 퍼 던지듯이 하려고 해. 그런데 그렇게 하면 물이 멀리 나가지도 않고 겨냥한 대로 맞지도 않지. 그럴 때는 손바닥을 모아서 물을 쳐 내듯이 해 봐. 훨씬 세고 정확하게 튀겨 낼 수 있어. 하지만 공격만큼 수비도 잘해야 해. 물이 들어간다고 해서 눈을 감으면 지기 쉬우니까 한 손을 비껴 세워 눈을 막는 거지. 물을 똑바로 맞아도 눈을 감지 않을 자신이 있으면 두 손으로 물을 튀겨 보내도 괜찮아.

물싸움은 둘이서 하기도 하고 여럿이 편을 갈라서 하기도 해. 한 판으로 끝내기보다는 세 번을 해서 두 번 이겨야 이기는 것으로 정할 때가 많지. 진 편에 벌칙을 주기도 하는데, 작은 아이들은 물속에서 물구나무서기, 물속에서 코 잡고 돌기를 했어. 가벼운 벌칙 같지만 물구나무서기만 해도 코가 찡하고 머리가 어찔어찔해서 눈물, 콧물 범벅이 되기 마련이야. 큰 아이들은 벌칙으로 정해진 곳까지 헤엄쳐서 갔다가 돌아오기를 많이 했어. 물싸움에 온 힘을 쏟은 다음에 곧바로 헤엄치기 내기를 하면 얼마나 힘이 들겠어. 꽤나 꾀를 내어 만든 벌칙들이었지. 하지만 아이들은 벌칙 때문이 아니라 싸움에 지는 게 싫어서 물싸움만 벌어지면 있는 힘을 다해 물을 쳐 댔어.

제법 큰 냇물이 흐르는 마을에 사는 아이들은 초등학교 5~6학년이 되면 마치 물개처럼 놀았어. 물안경이 없이 맨눈으로 잠수를 해서 장난을 치기도 하고 제법 높은 바위에 올라가 깊은 물속으로 뛰어내리는 일도 서슴지 않았지. 그런데 난 그때까지도 허리까지 차는 물에서 개헤엄이나 겨우 칠 수 있었어. 창피하기 짝이 없었지만 난 깊고 시퍼런 물이 무섭기만 했어. 동무가 물싸움을 걸어오면 지레 겁을 먹고 달아나기 일쑤였던 거야.

이런 줄 뻔히 알면서도 늘 물싸움을 걸거나 더 깊은 물로 끌고 들어가려는 동무가 있었어. 하루는 오기가 나서 막무가내로 달려들었지. 그렇게 둘이서 엎치락뒤치락하다 보니 그만 깊은 곳에 빠져 버렸지 뭐야. 난 잔뜩 겁을 먹고 허우적거렸어. 그럴 때 발버둥 치면 더 위험해진다는 것도 모르고 말이야. 어떻게 용을 써서 겨우 빠져나왔지만 화가 머리끝까지 났어. 분한 마음에 씩씩거리면서 노려보았더니, 그 동무는 보란 듯이 내가 방금 빠져나온 그곳에서 벌떡 일어서는 거야. 세상에! 한없이 깊은 줄만 알았던 곳이 고작 가슴 깊이밖에 되지 않는 곳이었어. 그 부끄러운 기억을 지우려고 모질게 마음을 먹고 다음날부터 연습을 해서 얼마 뒤엔 제대로 헤엄을 칠 수 있게 되었지.

썰매 타기

썰매타기

바람 끝이 쌀쌀해지고 산비탈에 서릿발이 돋으면 아이들은 뒤에서 누가 쫓기라도 하는 것처럼 산으로 달려갔어. 썰매를 지칠 때 쓰는 송곳을 만들려면 나무를 미리 베어 놓아야 하거든.

깊은 산에서 땔나무를 하는 큰 아이들도 썰매 만드는 데 필요한 대못과 굵은 철사를 구하느라 바빴어. 미리 구해 놓지 않으면 겨우내 얼음판은 그림의 떡이 될지도 모르니까 말이야. 몸이 단 아이들은 경쟁하듯이 못이나 철사를 가지고 있는 아이를 온갖 구실로 꼬드기지. 동생이 있는 아이들은 하나라도 더 구하려고 힘들기 짝이 없는 나무 한 짐을 그냥 해 주고, 철판에 구워 먹을 고구마도 갖다 주마 약속을 해. 동생들 등쌀에 시달리는 것보다는 나았거든.

양지바른 마당 한쪽에서는 썰매 만들기가 한창이야. 길고 두꺼운 발판 두 개와 위에 얹을 판자 너덧 조각이면 얼음 위를 지칠 썰매를 만들 수 있어. 썰매가 잘 달리게 하려면 밑에 대는 철사를 곧고 여물게 붙여야 해. 철사와 송곳에 박을 못은 불에 달구어야 잘 박히지. 안 그러면 나무가 갈라져 버리거든. 형은 만들랴 가르치랴 부지런을 떨고, 동생들은 그런 형을 자랑스레 바라보는 거야. 옆에서 "이야! 멋지다.", "우리 형이 최고야!" 하고 추임새를 넣는 사이 날렵한 썰매가 만들어졌어. 썰매 하나 갖는 게 소원이었던 동생들이 마침내 소원을 풀었지.

문 앞에 둔 물그릇이 꽁꽁 어는 날이 며칠 이어지더니 마을 앞 무논에도 얼음이 꽁꽁 얼었어. 누가 알리지 않아도 온 마을 아이들이 썰매를 짊어지고 달려 나왔지. 얼마나 두껍게 얼었는지 얼음 위에서 발을 굴릴 때마다 '쩡쩡' 울리는 소리가 나. 어서 빨리 썰매를 지치라고 부르는 소리 같아.

처음 썰매를 타는 동생은 뒤에서 밀어 주는 사람이 있어야 해. 하지만 자기 썰매를 탈 욕심에 마음 바쁜 형은 두어 번 밀어 주고는 그만이야. 동생은 하는 수 없이 겨우겨우 타는데 몇 번 엉덩방아를 찧고 나면 어느새 금방 달릴 수 있게 되었지. 한나절을 못 지나서 정말 말을 탄 것처럼 씽씽 달렸어. 눈 위에서 말처럼 빨리 달린다고 해서 '설마' 라고 하던 것이 바뀌어서 썰매가 된 거래.

어느새 고만고만한 또래끼리 시합이 붙어서 여기저기서 만세를 부르고 난리야. 얼음판에서는 빨리 달리는 게 최고지! 겨울이 깊어지고 동장군이 기승을 부릴수록 얼음판 위는 부딪치고 미끄러지면서 아이들이 내지르는 소리로 대목장처럼 시끌벅적해.

저수지는 물이 깊어서 얼음이 두껍게 얼어도 썰매를 지치기에는 위험해. 전에는 사람이 빠져 죽었다는 말도 있었지. 그래서 큰 아이들은 얇게 언 곳을 피해서 안전한 곳을 골라 얼음을 지치고 놀았어. 그러다가 되바라진 꼬맹이 몇 명은 뻐기고 싶은 마음에 저수지 한가운데 넓은 곳으로 갔어. 신나게 썰매를 지치나 싶더니, 춥던 날씨가 풀리는 바람에 얼음이 녹아 버렸나 봐. 까불던 꼬맹이 하나가 그만 얼음 속으로 빠졌지 뭐야. 다행히 누군가 장대로 끌어내 주어 큰일은 생기지 않았지만 정말 아찔한 사건이었지. 놀라 달려온 할머니는 얼음에 빠진 꼬맹이를 발가벗겨 집으로 쫓았어. 그 바람에 꼬맹이는 온 동네 웃음거리가 되었고.

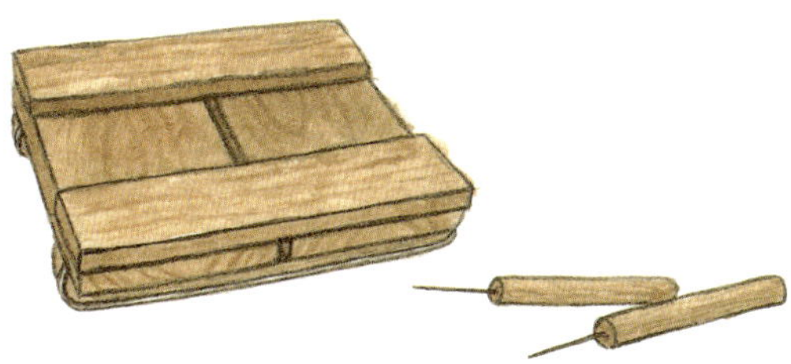

연날리기

연날리기

연날리기는 초겨울 바람이 쌀쌀하게 불 때부터 이듬해 정월 대보름까지 하는 놀이야. 설날부터 보름까지는 어른, 아이 할 것 없이 소원을 담은 연을 만들어 날렸지.

종이 연을 바람에 실어 하늘 높이 띄울 생각을 한 건 정말 놀라운 일이야. 이렇게 하늘을 나는 모습이 솔개를 닮아 연이라는 이름이 붙었대.

이어져 내려오는 연 가짓수는 백 가지도 넘어. 크게 네모꼴 방패연과 마름모꼴 가오리연으로 나눌 수 있지. 방패연은 가운데에 둥근 방구멍이 뚫려 있어서 높이 날릴 수 있고 옆으로도 잘 움직일 수 있어. 이 방구멍은 우리나라 연에만 있대.

연을 만들려면 가볍고 질긴 한지와 가늘게 다듬은 대나무 살을 준비해야 해. 먼저 한지를 알맞은 크기로 잘라서 머리와 네 귀, 가운데, 허리에 대나무 살을 붙여. 그 다음 머리 쪽 두 귀퉁이와 가운데 아래에 벌이줄을 매는데, 이때는 균형을 잘 맞추어야 해. 애써 만들어도 균형이 맞지 않으면 연이 잘 뜨지 않고, 뜨더라도 뱅뱅 돌다가 이내 땅에 곤두박이치고 말거든.

연을 만들고 나면 연줄을 감을 얼레가 있어야겠지. 얼레는 연을 마음대로 부리는 데 꼭 필요해. 아이들은 누구나 실이 잔뜩 감긴 팔모얼레를 갖는 게 소원이었어. 하지만 부잣집 아이가 아니고는 엄두도 낼 수 없었지. 그 대신 기둥 두 개짜리 납작한 볼기짝얼레라도 실을 많이 감아 오면 자랑거리였어.

자, 이제 밖으로 나가서 연을 날려 볼까?

연을 날릴 때는 둘레에 연이 걸릴 만한 나무나 전봇대가 없는 벌판이나 언덕배기가 좋아. 바람이 살랑살랑 불어오면 바람을 등지고 연줄을 당겼다 놓았다 하면서 연을 띄우는 거야. 일단 높이 올라간 다음에는 가만히 두어도 저 혼자서 바람을 타고 잘 날아. 연이 미루나무에 걸리거나 도랑에 빠져서 못 쓰게 되면 너무 안타까워서 눈물이 절로 나오지. 세찬 바람에 연줄이 끊어지거나 연싸움을 하다가 연줄이 끊어지면 남의 연을

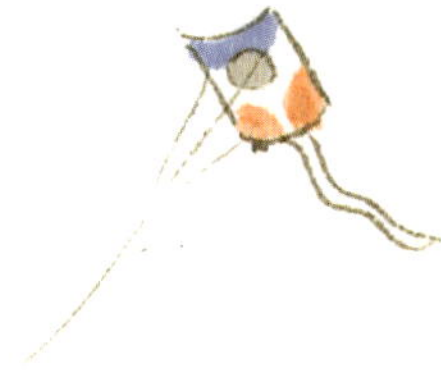

띄워 주는 말뚱지기*가 되기도 해.

연줄을 걸어 다른 연을 떨어뜨리는 연싸움은 정월 대보름이 가까워질수록 거칠어져. 보름날까지 날려 보내지 않은 연은 달집 속에 넣어 함께 태우는데, 그렇게 하면 한 해 동안 액막이를 할 수 있대.

연을 날리는 재미에 한창 빠져 있을 때에는 방패연을 갖는 게 소원이었어. 형한테 만들어 달라고 졸라 보았지만 들은 척도 안 하잖아. 그래서 직접 만들어 보려고 대나무로 살을 다듬다가 그만 낫에 손을 베이고 말았어. 씩씩거리면서 울다가 지쳐 잠이 들었는데, 일어나 보니 기적이 일어난 거야. 기가 막히게 멋진 방패연이 떡하니 기둥에 걸려 있지 뭐야. 영문도 모르고 좋아서 펄쩍펄쩍 뛰는 손자한테 할머니가 말했어.

"이제 할아버지 놀리지도 못하겠네."

알고 보니 그 연은 할아버지가 만든 것이었어. 중풍으로 한쪽 팔다리가 불편해져 철없는 손자에게 놀림을 받던 할아버지. 손자는 철이 없긴 해도 미안한 건 알았나 봐. 할머니 품에 안겨서 엉엉 울어 버렸지. 지금도 연만 보면 그때가 떠올라서 눈시울이 붉어져.

* **말뚱지기** 연을 띄울 때, 연이 잘 올라갈 수 있게 연을 잡고 있다가 놓아 주는 사람.

토끼몰이

토끼몰이

한 해 가운데 가장 한가한 계절은 역시 겨울이지. 산골에서는 겨울에도 땔나무하느라 바쁘지만 짚을 때는 들 마을에는 그런 소일거리도 없었어. 물론 부지런한 사람들은 겨우내 가마니도 짜고 멍석도 짜면서 이듬해 농사를 준비하기도 해. 하지만 이런 일들은 모두 방 안에 앉아서 하는 일이었지.

추운 겨울에는 밖에서 노는 시간보다 집 안에 있는 시간이 많아서 몸도 마음도 움츠러들기 마련이야. 이럴 때 추위를 이겨 내려고 하는 놀이가 바로 토끼몰이야. 어른들끼리 하는 토끼몰이에도 예닐곱 살짜리 아이를 기꺼이 끼워 주었어. 토끼를 에워싸는 데에는 사람이 많으면 많을수록 좋으니까.

집집마다 토끼몰이에 쓸 몽둥이 하나쯤은 다 있어. 박달나무 몽둥이가 가장 좋지만, 흔히 볼 수 있는 나무 가운데 참나무처럼 단단한 것으로 만든 몽둥이면 돼.

토끼몰이는 눈이 많이 온 뒤에 하는 게 좋아. 토끼는 뒷다리가 앞다리보다 길어서 내리막길을 잘 달리지 못하는 데다가 눈 위에서는 더 느리거든. 어른들은 이런 특징을 잘 알고는 토끼몰이 준비를 끝낸 다음 눈이 오기만을 기다리는 거야.

드디어 기다리던 함박눈이 펑펑 내렸어. 마을에서는 다음날 아침 토끼몰이를 가기로 했지. 아이들은 마음이 설레어 밤새 잠 못 이루다가 다음날 아침 빨간 토끼 눈으로 빈터에 모였어. 머리끝에서 발끝까지 두꺼운 외투로 감싼 아이도 있고, 행전*을 종아리에 동여매고 고무신 신은 발이 미끄러지지 않게 새끼로 친친 감은 아이도 있어. 부모님이 못 나가게 말려서 몰래 빠져나오느라 맨발이다시피 한 아이도 있네.

경험 많은 어른들이 토끼몰이 나온 사람들을 세 패로 나누었어. 두 패는 산등성이에 올라가 양쪽에서 토끼를 산 아래로 몰고, 나머지 한 패는 골짜기를 막기로 했어. 성질 급한 형들은 그새를 못 참아 벌써 앞장을 섰어. 꾸불꾸불 산길을 따라 등성이를 올라가는 모습이 꼭 전쟁터에 나가는 군사들 같아.

마침내 산을 빙 둘러쌌다는 징 소리가 울리면 몰이꾼은 큰 소리를 지르면서 골짜기로 토끼를 쫓기 시작해. 징 소리, 꽹과리 소리, 북소리에 놀란 짐승이 이리저리 달아나고 몰이꾼이 외치는 소리는 골짜기에 더욱 크게 울려 퍼졌지. 꿩이 푸드덕 하늘로 날아오르고 무언가 쏜살같이 아래로 내달리는 듯하더니, 곧이어 "고라니다!" 하고 급하게 외치는 소리가 났어. 얼마 지나지 않아 골짜기 여기저기에서 "고라니다!" "토끼다!" 하고 너도나도 소리치는 거야. 토끼와 고라니를 따라 이리저리 몰려다니는 바람에 골짜기는 눈 깜짝할 사이에 아수라장이 되어 버렸어.

에워싼 둘레를 좁혀 들어오니 달아나는 짐승이 많이 보여. 토끼가 가랑이 사이로 빠져나가는데도 너무 빨라서 잡을 수가 없어. 토끼를 놓치고 씩씩거리는 아이도 있고, 몽둥이질 한 번 제대로 해 보지 못했다고 억울해하는 아이도 있지만, 덩달아 내지르는 고함 소리만큼은 쩌렁쩌렁했어. 비록 토끼는 못 잡았지만 아이들은 즐겁기만 했어. 소리 지르고 뛰어다니면서 추위를 잊은 것은 물론이고 벌써 어른이 된 듯 우쭐한 마음까지 들었으니까.

* **행전** 걸을 때 바지가 걸리지 않게 무릎 아래를 둘러싸는 띠.

열두 달 세시 풍속

음력 정월부터 섣달까지 해마다 어떤 달이나 날에 해 오던 일을 '세시 풍속'이라고 해. 여기에는 한 해 농사가 잘되기를 비는 마음과 풍성한 수확에 대한 감사, 건강과 복을 비는 뜻이 담긴 것이 많아. 조선 시대에는 달마다 여러 가지 세시 풍속이 있었어. 옛 기록에 이름만 남아 있는 것도 있고 오늘날에는 잘 하지 않는 것도 있지만, 설날, 한가위 같은 큰 명절, 동지 팥죽 같은 세시 음식 그리고 씨름, 그네, 연날리기 같은 민속놀이로 우리 겨레 삶 속에 그 모습이 이어지고 있어. 옛 세시 풍속을 살펴보면서 그 속에 담긴 우리 조상들의 멋과 슬기를 배워 볼까?

정월

설날 (음력 1월 1일)	설날 아침에는 조상들께 차례를 지내. 아이들은 설빔을 입고 웃어른께 세배를 드리지. 세배하러 온 손님한테 떡국을 내고 서로 좋은 말(덕담)을 건네며 새해 인사를 해.
널뛰기	설날에 고운 설빔을 입고 하늘로 오르락내리락하는 모습은 마치 선녀 같아.
복조리 걸기	섣달 그믐날 밤이나 설날 이른 아침에는 조리를 사서 집 안 벽에 걸어 두는데, 이것을 '복조리'라고 해. 조리로 쌀을 일듯이 복을 일어 얻게 해 달라는 뜻이야.
앙괭이 쫓기	섣달 그믐날 밤에 앙괭이라는 귀신이 자기 발에 맞는 신발을 찾아다닌대. 집집마다 돌아다니다가 발에 맞는 신발을 찾으면 신고 가 버리는 거야. 신발이 없어지면 이듬해 운수가 나쁘다고 해서 모두 신발을 집 안에 들여놓고 자. 또 대문에 체를 걸어 두면 앙괭이가 신발 신는 것도 잊어버리고 체 구멍을 세다가 설날 새벽닭 울음소리에 도망간다고 하지.
연날리기	설날부터 대보름까지 아이들뿐만 아니라 어른들도 연날리기를 즐겼어. 서로 연줄을 걸어 상대방 연줄을 끊는 연싸움을 할 때에는 연줄에 돌가루나 사기 가루를 먹이기도 하지.
윷놀이	흔히 설날부터 대보름까지 해. 편을 갈라 번갈아 윷가락을 던져서 말 네 개가 모두 말판을 돌아오면 이겨.
호로병 차기	설날에 어린아이들이 나무로 만든 호로병 세 개를 허리에 차고 다니다가 대보름 전날 밤에 몰래 길에 버려. 그러면 그해에 나쁜 일이 생기는 것을 막을 수 있대.

정월 대보름 (음력 1월 15일)	대보름은 가장 큰 보름이라는 뜻이야. 이날을 아주 중요하게 생각해서 세시 풍속이 많아. 대보름 달빛이 나쁜 기운을 몰아내 준다고 믿어서 복을 비는 풍속도 많지. 이날은 줄다리기처럼 두 패로 갈라 승부를 겨루는 놀이를 많이 하는데, 놀이에서 이기면 그해 농사가 잘된다고 해.
과일나무 시집보내기	대보름날 과일나무 가지 사이에 돌을 끼워 둬. 이렇게 하면 과일이 많이 열린대.
귀밝이술 마시기	귀가 잘 들리고 귓병이 생기지 않으며 한 해 동안 좋은 소식만 들리게 해 달라고 대보름날 아침에 찬술을 한 잔씩 마셔.
나무쇠싸움	소나무와 짚으로 나무 소를 만들어 메고 두 패가 서로 겨루어 상대편을 먼저 땅에 주저앉히면 이기는 놀이야. 대보름에 많이 해.
놋다리밟기	'기와밟기' 라고도 해. 대보름 밤에 부녀자들이 한 줄로 서서 허리를 굽히고 다리를 만들면, 공주로 뽑힌 사람이 노래에 맞추어 그 위로 걸어가는 거야. 이때 공주가 떨어지지 않게 양 옆에서 시녀 두 사람이 손을 잡아 줘. 공주가 지나가면 허리를 굽히고 있던 사람은 다시 앞으로 가서 다리가 끊어지지 않게 해.
다리밟기	대보름날 밤에 다리를 건너면 한 해 동안 다리가 아프지 않고, 열두 다리를 밟고 지나가면 열두 달 동안 나쁜 일을 피할 수 있대.
달맞이	대보름날 초저녁에 홰를 들고 동산에 올라가서 달을 맞이하는 거야. 달이 떠오르는 것을 보고 절을 한 다음 홰에 불을 붙여.
달집태우기	대보름 달맞이하기 전에 마을 뒷동산에 나무와 짚으로 크게 달집을 만들어 두고 대보름달이 떠오를 때 달집에 불을 놓아. 달집이 훨훨 타올라야 마을이 태평하고 농사가 잘된다고 하지.
더위팔기	대보름날 해가 뜨기 전에 어떤 사람 이름을 불러서 그 사람이 대답하면 "내 더위 사가게." 하고 더위를 팔아. 그러면 그해 여름에 더위를 먹지 않는대.
돈치기	땅에 반달꼴을 그리고 그 안에 동전 한 개가 들어갈 만한 구멍을 파. 그 다음 멀찍이 떨어져서 그 안에 동전을 던져 넣는 거야. 구멍에 넣거나 가장 가까이 던진 사람이 이기는 거야. 대보름에 많이 했대.
돌싸움	두 패로 갈라 돌팔매질을 하여 승부를 겨루는 놀이야. 대보름에 돌싸움을 하는 풍습은 고구려 때부터 있었대.
동신제	대보름에 마을 입구나 서낭당, 당산나무 아래에서 마을을 지켜 주는 신한테 제사를 지내. 한 해 동안 마을 사람들이 아프지 않고 농사가 잘되기를 비는 거야.

모내기놀음	중부 지방에서는 대보름날 아침에 종이와 짚 들로 만든 벼 이삭을 들고 노래를 부르면서 모심는 시늉을 해.
볏가릿대 세우기	대보름 전날 여러 가지 곡식 이삭을 볏짚단으로 둘러싸서 세워 둬. 그해 농사가 잘되어 거두어들인 볏가리가 높이 쌓이기를 바라는 뜻이래.
복흙 훔치기	대보름 전날 밤에 가난한 사람이 부잣집에 살그머니 들어가서 대문 안에 있는 흙을 몰래 훔쳐 와 대보름날 아침에 자기 집 부뚜막에 깔아. 그러면 그해 운수가 트인다고 하지.
부럼 깨물기	대보름 아침에 밤, 호두, 잣, 은행 같은 단단한 열매를 깨물어. 그러면 한 해 동안 모든 일이 잘되고 종기나 부스럼이 나지 않는대.
사자놀이	대보름 전날 밤 달이 뜨면 사자탈을 쓰고 마을을 돌아다니면서 춤을 춰. 풍물패와 함께 집집마다 들어가서 나쁜 기운을 쫓아내고 복을 부른대.
액연 날리기	새해가 되면 어른, 아이 할 것 없이 연을 날리다가 대보름날 해질 무렵에 연줄을 끊어서 연을 날려 보내. 연에 '송액' 이나 '송액영복' 이라고 써서 그해에 생길 수 있는 나쁜 일을 멀리 날려 버리는 거야.
얼렁질	대보름날 연을 날리고 나서 남은 연줄을 돌에 매어 서로 줄을 걸고 잡아당기는 놀이야. 줄이 끊어지는 사람이 지는 거지.
줄다리기	대보름에는 두 패로 나뉘어 굵은 줄을 잡고 줄다리기를 했어. 경상도 지방에서는 칡으로 큰 줄을 만들어 줄다리기를 했는데, 이것을 '갈전' 이라고 해.
쥐불놀이	첫 쥐날과 대보름 전날 밤에 논두렁, 밭두렁에 짚을 흩어 놓고 불을 놓아 나쁜 벌레와 쥐를 없애.
지신밟기 / 매귀	대보름에 풍물패가 집집마다 돌며 땅을 다스리는 신령을 달래어 나쁜 귀신을 몰아내고 복을 빌어 줘.
차전놀이	경북 안동에서 대보름에 하는 놀이야. 참나무를 지겟다리 꼴로 얽어 '동채' 를 만들고 대장이 탈 수 있게 방석을 놓아. 두 패로 갈라 동채에 탄 대장 지휘 아래 맞붙어서 상대편 동채를 먼저 땅에 닿게 하는 편이 이기는 거야. '동채싸움' 이라고도 해.
풍어놀이	대보름에 바닷가 마을에서는 고기가 많이 잡히기를 바라는 마음으로 풍어놀이를 해. 너른 마당에 깃발과 등을 달고는 장구를 치면서 춤추고 노래 부르는 거야.
횃불싸움	대보름날 싸리나 대로 식구 수만큼 홰를 만들어, 달이 뜨면 횃불을 밝혀 들고 겨루는 놀이야.

입춘(양력 2월 4일 무렵)	이날부터 봄이 시작해서 한 해의 처음으로 여기기도 해. 입춘 전날을 '절분' 이라고 하는데, 겨울철 마지막 날이라는 뜻이야. 입춘 전날 밤은 '해넘이' 라 하여, 방이나 문에 콩을 뿌려서 나쁜 기운을 쫓고 새해를 맞는대.
입춘방 써 붙이기	대문이나 기둥에 봄이 오는 것을 축하하는 뜻으로 '입춘대길', '건양다경' 같은 글을 써 붙여.
* 용날 용알 뜨기	새해 첫 용날 전날 밤에 하늘에서 내려온 용이 우물 속에 알을 낳는데, 아침 일찍 일어나서 그 물을 길어다가 밥을 지어 먹으면 농사가 잘된대. 맨 먼저 물을 길어 간 사람은 우물에 지푸라기를 띄워 표시를 해야 해.

이월

머슴날(음력 2월 1일)	겨울 동안 쉰 머슴들이 농사 준비를 시작하기 전에 하루를 즐겁게 보냈어. 음식과 술을 배불리 먹고 풍물을 치며 노래를 불렀지.
노래기 쫓기	음력 2월 초하룻날에 집 안팎을 깨끗이 쓸고 닦은 다음 흰 종이에 먹으로 '향랑각시 속거천리' 라고 써서 벽이나 서까래에 거꾸로 붙여. 그러면 집 안에서 노래기가 없어진대.
솔떡(송편) 먹기	음력 2월 초하루에는 대보름에 세운 볏가릿대를 내려서 흰떡을 해 먹는데, 떡을 찔 때 사이사이 솔잎을 놓아. 추석에 먹는 송편이 본디 이때 음식이래.

삼월

삼짇날(음력 3월 3일)	지난 가을에 강남 갔던 제비가 돌아오는 날이야. 날씨가 따뜻해지면서 산과 들에 꽃이 피기 시작하지.
화전놀이	삼짇날에는 진달래꽃을 따다가 화전을 지져 먹고 춤을 추며 놀아. 삼짇날을 '답청절' 이라고도 하는데, 들판에 나가서 꽃놀이를 하고 새로 돋아난 풀을 밟아 봄을 즐기는 날이라고 해서 이런 이름이 붙었대.
전춘(음력 3월 말일)	음력 3월 그믐날에 봄을 마지막으로 보내면서, 음식을 마련해 산골짜기나 물가에 가서 하루를 즐겨. '전춘' 은 음력 3월의 다른 이름이래.
* 각시놀음	어린 여자아이들은 봄에 새로 돋아난 풀을 뜯어다가 각시 인형을 만들어 놀았어. 대나무 조각 끝에 길고 질긴 풀을 매어 머리카락을 만든 다음 고운 치마저고리를 입힌 인형을 풀각시라고 해.
* 풀싸움	들판에 나가서 여러 가지 풀을 캐어 서로 풀 이름을 알아맞히는 놀이야.

* 활쏘기	예전에는 해마다 음력 3월이 되면 전국 방방곡곡에서 활쏘기 대회가 열렸대.

사월

초파일 (음력 4월 8일)	'부처님 오신 날' 이라고도 해. 이날은 절에서 큰 재를 올리고 등불을 달아. 산에 올라가서 등을 구경하기도 하고 등을 들고 돌아다니기도 해.
망석중놀이	초파일에는 담장 아래에 무대를 마련해서 불교 가르침을 담은 인형극을 했어. 망석중, 노루, 사슴, 잉어, 용 같은 인형에 구멍을 뚫은 다음 실을 꿰어 인형을 움직이는 거야.
물장구 놀이	초파일에 등불을 다는 장대 기둥 아래에서 물동이에 물을 받아 바가지를 엎어 띄워 놓고 빗자루로 바가지를 두드리는 놀이야.
연등놀이	초파일을 앞두고 집집마다 식구 수대로 등을 만들어. 마당에 등을 매달 장대를 세워 꼭대기에 꿩 꽁지깃을 꽂고 알록달록한 비단으로 기를 달아. 나뭇가지나 추녀 끝에 줄을 매고 그 줄에 등을 달기도 해. 그리고 초파일 저녁이 되면 등에 불을 밝히는 거지. 이 등을 들고 줄을 지어 걷기도 해.

오월

단오 (음력 5월 5일)	단오는 예부터 지켜온 대표적인 명절이야. 홀수가 겹치는 명절 가운데 볕이 가장 강하다고 하여 널리 풍속이 벌어지는 날이지. 음식을 마련하여 차례를 지내고 씨름, 그네뛰기 같은 놀이를 하면서 하루를 즐겁게 보내.
대추나무 시집보내기	시골에서는 단옷날 한낮에 대추나무 가지 사이에 작고 둥근 돌을 끼워 둬. 이렇게 대추나무를 시집보내면 대추가 많이 열린다고 하지.
소싸움	단오에 남부 지방에서는 사나운 소 두 마리를 골라 싸움을 붙여. 소가 서로 뿔을 겨누고 들이받으면서 다투다가 먼저 넘어지는 쪽이 지는 거야.
창포물에 머리 감기	단옷날 한낮에는 창포가 많이 난 물가에 가서 단오 물맞이를 해. 이때 목욕을 하면 병에 걸리지 않는대. 또 창포를 삶은 물에 머리를 감으면 머리카락이 소담하고 윤기가 나면서 잘 빠지지 않아. 창포 삶은 물은 몸에 좋다고 해서 마시기도 해.
* 대 심기	음력 5월 13일에 대를 옮겨 심으면 뿌리를 굳게 내리고 잘 자란다고 해.

유월

유두 (음력 6월 15일)	유두에는 동쪽으로 흐르는 물에 목욕을 하고 머리를 감아. 그러면 나쁜 기운을 쫓고 여름에 더위를 먹지 않는다고 해. 유두면이라는 국수와 수단, 건단 같은 떡을 만들어 먹고 농사가 잘되게 해 달라고 제사를 지내.

삼복 (초복, 중복, 말복)	여름철 가장 더운 때야. 이때 더위를 삼복더위라고 하지. 복날에는 음식을 마련해 계곡이나 산에 가서 더위를 잊고 하루를 즐겨.

칠월

칠석 (음력 7월 7일)	은하수 동쪽에 있는 견우와 서쪽에 있는 직녀가 한 해에 한 번 만나는 날이야. 까치와 까마귀가 오작교라는 다리를 놓아 준대. 이날 부녀자들은 길쌈을 더 잘할 수 있게 해 달라고 직녀 별에 빌었어.
백중 (음력 7월 15일)	백중에는 여러 가지 과일과 채소가 나와서 '백 가지 곡식 씨앗' 을 갖춘다고 하지. 가을걷이를 앞두고 잠깐 농사일을 쉴 수 있는 때이기도 해서, 이날은 여러 가지 음식을 마련해 노래하고 춤추며 즐겁게 놀았어.
머슴날	백중날에는 그해 농사가 가장 잘된 집 머슴을 뽑아 소에 태워 마을을 한 바퀴 돌아. 집집마다 들러 술과 음식을 대접받는 거야. 머슴이 총각이면 마을 어른들은 마땅한 처녀를 골라 장가를 들여 주고 살림을 내어 주는데, '백중날 머슴 장가간다' 는 말이 여기에서 나왔어.
호미씻이	백중 무렵에는 김매기가 끝나고 농사일이 한가해져. 그래서 하루 날을 받아 호미씻이를 하지. 김을 매는 호미가 필요 없게 되어 씻어 둔다는 데서 이 이름이 붙었대. 집집마다 음식을 마련해서 산이나 계곡을 찾아 풍물을 울리며 놀아.
* 꽈리 불기	음력 7월에는 꽈리가 많이 열려. 빨갛게 익은 꽈리를 따다가 손으로 눌러 물렁물렁해지게 만든 다음 꼭지 부분에 구멍을 뚫어서 씨를 빼내. 이 구멍으로 숨을 불어 넣어 꽈리 안에 공기를 가득 채우고 가만히 누르면 '빠드득' 소리가 나. 꽈리를 입에 물고 공기를 채운 다음 깨물기도 해.

팔월

한가위 (음력 8월 15일)	'추석', '중추절' 이라고도 해. '더도 덜도 말고 한가위만 같아라' 는 말처럼 날씨도 좋고 먹을거리도 풍성한 때야. 이날은 새로 거둔 곡식과 과일로 조상님께 차례를 지내고 송편, 시루떡, 토란국 같은 음식을 만들어 먹어.
강강술래	한가윗날 밤에 곱게 단장한 여인들이 너른 들에 모여 서로 손을 잡고 동그라미를 그리며 뛰노는 놀이야.
소먹이놀이	한가위에 종이나 멍석으로 두 사람이 들어갈 만큼 큰 소를 만들어. 그 속에 사람이 들어가서 소몰이꾼에게 끌려 집집마다 돌아다니면서 음식을 대접받는 거야.

줄다리기	한가위에는 여럿이 두 패로 나뉘어 줄다리기를 해. 제주도에서는 서로 줄을 잡아당기다가 줄이 끊어져 양쪽 모두 땅바닥에 쓰러지고 뒹구는 모습에 웃음보가 터질 만하다고 해서 '조리희' 라고도 한대.

구월

중양절 (음력 9월 9일)	가을이 깊어가는 때야. 이날 제비가 강남으로 돌아간대.
풍국놀이	중양절에는 집집마다 화채와 국화전을 만들어 먹고 음식을 마련해 산과 들에 가서 하루를 즐겨.

시월

상달 고사	10월은 한 해 가운데 으뜸가는 달이라고 해서 '상달' 이라고 해. 한 해 농사를 마무리하고 풍성한 수확을 거두어 하늘에 제사를 지내는 달이야. 고구려의 동맹, 예의 무천, 부여의 영고 들도 다 이달에 있었대. 겨울을 준비하면서 김장을 담그는 달이기도 하지.

동짓달

동지 (양력 12월 22일 무렵)	한 해 가운데 밤의 길이가 가장 긴 날이야. 이날 팥죽을 쑤어 먹는데, 먼저 사당에 차례를 지내고 집 안 곳곳에 팥죽을 떠 놓아 나쁜 기운을 없앴대.
팥죽 먹기	'동지를 지나야 한 살 더 먹는다', '동지 팥죽을 먹어야 한 살 더 먹는다' 는 말이 있어. 동지 팥죽은 찹쌀가루로 동글동글하게 빚은 새알심을 넣어 쑤는데, 자기 나이만큼 새알심을 먹어야 진짜 나이를 먹는 거래.

섣달

섣달그믐 (음력 12월 말일)	한 해 마지막 날을 '섣달그믐' 이라고 해. 이날 밤을 '제석', '제야' 라고 하는데, 한 해를 마무리하는 마지막 밤이라는 뜻이야. 집집마다 새해 준비로 바쁘고, 밤에는 '해지킴' 이라 하여 집 안 구석구석에 불을 밝힌 채 새벽이 될 때까지 뜬눈으로 밤을 새워. 이날 밤에 자면 눈썹이 하얗게 센다고 해.
묵은세배	섣달 그믐날을 '작은설' 이라고 해. 이날 저녁에는 한 해를 보내는 인사로 가까운 어른들께 세배를 드리지.

* 명절, 절기와 관계없는 세시 풍속

찾아보기

참고한 책

《그 계절 그 사람들 한국의 사계절 春, 夏, 秋, 冬》(이서지, 2004, 선바위아트)

《기산 풍속도첩》(조흥윤, 게르노트 프르너, 1984, 범양사)

《놀이보따리》(전국재, 1997, 윤컴)

《민속놀이》(김광언, 2001, 대원사)

《민속놀이, 축제, 세시풍속, 통과의례》(한국민속학회, 2008, 민속원)

《민속놀이교본》(이경열, 1995, 정훈출판사)

《민속놀이론》(임동권, 1997, 민속원)

《민속놀이와 명절》(조선의민속전통편찬위원회, 2000, 대산출판사)

《민속놀이와 민중의식》(김선풍 외, 1996, 집문당)

《북녘아이들 놀이 백가지》(김종만, 1993, 우리교육)

《북한학자가 쓴 조선의 민속놀이》(도유호, 1999, 푸른숲)

《서울민속대관 3 세시풍속과 놀이편》(서울시, 1993)

《세시풍속과 민속놀이》(이강로, 2000, 세종대왕기념사업회)

《아이들 민속놀이 100가지》(김종만, 2007, 바보새)

《아이와 함께하는 놀이 216》(한국행동과학연구소, 1999, 샘터사)

《어린이 민속과 놀이문화》(편해문, 2005, 민속원)

《어린이 민속놀이》(1997, 예술교육출판사)

《연 만들기 교실》(유재혁, 1996, 교학사)

《우리 민속놀이에는 어떤 이야기가 담겨 있을까》(서찬석, 2004, 채우리)

《우리 풍속 이야기》(김용란, 2000, 대교출판)

《우리가 정말 알아야 할 우리 놀이 백가지》(이철수, 1999, 현암사)

《우리나라 민속놀이》(리재선, 1995, 과학백과사전종합출판사)

《우리나라의 전통놀이》(이종명, 1997, 배영사)

《우리 놀이와 노래를 찾아서》(홍양자, 2000, 다림)

《우리 민족의 놀이 문화》(조완묵, 1996, 정신세계사)

《우리의 세시풍속과 전통놀이 백과사전》(허순봉, 2006, 가람출판사)

《으랏차차, 신나는 놀이마당》(원동은, 2006, 재미마주)

《이서지 풍속화집 정겨운 시절 이야기 1~6》(이서지, 2002, 선바위아트)

《재미있는 민속놀이》(한성겸, 1994, 금성청년출판사)

《전래놀이 101가지》(이상호, 1999, 사계절)

《전통놀이 · 민속놀이 · 환경놀이 · 레크리에이션》(박창영, 2006, 일신서적)

《조선민속사전》(조대일 외, 2004, 과학백과사전출판사)

《조선의 민속놀이》(문화출판사, 1997, 민속원)

《조선의 민속전통 5 민속명절과 놀이》(조선의 민속전통 편찬위원회, 1994, 과학백과사전종합출판사)

《조선의 사계절 민속》(리정남, 2005, 평양출판사)

《한국 고유의 아동놀이》(류안진, 1981, 정민사)

《한국 민속놀이의 연구》(최상수, 1988, 성문각)

《한국민속대관(4) 세시풍속, 전승놀이》(고려대학교 민족문화연구소, 1984, 고려대학교 출판부)

《한국민족문화대백과사전》(한국민족문화대백과사전 편찬부, 1991, 한국정신문화연구원)

《한국의 민속》(임동권, 1975, 세종대왕기념사업회)

《한국의 민속놀이》(심우성, 1990, 대광문화사)

《한국의 씨름과 그네의 연구》(최상수, 1974, 성문각)

《한국 전래 놀이 노래》(김숙경, 1993, 청맥)

《한국 전래 어린이 놀이》(최상수, 1992, 웅진출판사)

《한국전통놀이백과》(행동과학연구회, 1999, 동림)

《한국 전통사회의 유아 놀이》(류안진, 1984, 정민사)

글 함박누리

1966년 햇살이 밝은 고장인 밀양에서 태어나고 자랐습니다. 어릴 때 자란 집은 마을 한가운데 있었는데 마당이 아주 넓었습니다. 해만 뜨면 그 마당은 온 마을 아이들의 놀이터가 되었습니다. 대학교에서 신문방송학을 공부하고 신문사에서 십 년 가까이 일했습니다. 혼인을 하고 나서는 독일 동화를 비롯하여 어린이 책 만드는 일을 꾸준히 했습니다. 지금은 시골에서 텃밭을 가꾸며 두 아이를 자연 속에서 키워야겠다는 바람을 나름대로 꾸려 가고 있습니다. 마당에서 소꿉놀이밖에 할 줄 모르는 아이들을 보면서 예전에 즐겨 하던 여러 가지 놀이를 오롯이 전해 주고 싶은 마음에 이 글을 쓰게 되었습니다.

그림 홍영우

1939년 일본 아이치 현에서 태어났습니다. 몸이 약해서 학교를 제대로 다니지 못해, 그림 그리는 일을 동무 삼아 어린 시절을 보냈습니다. 스물네 살 되던 해 우리말을 처음 배운 뒤, 동포 사회에 이바지하고자 출판 활동과 그림 그리는 일을 힘껏 해 왔습니다. 2005년에는 '광복 60주년, 6 · 15 공동선언 5주년 기념 전시회'를 서울과 제주에서 열었습니다. 《홍길동》《정신없는 도깨비》《딸랑새》《낫짱이 간다》《낫짱은 할 수 있어》에 그림을 그렸고, 재일 동포 어린이들을 위해 쓰고 그린 책으로 《우리말 도감》이 있습니다.